J'AIDE MON ENFANT DYSLEXIQUE

Marie Coulon
Préface de Catherine Lesage

J'AIDE MON ENFANT DYSLEXIQUE

EYROLLES

Éditions Eyrolles
61, bd Saint-Germain
75240 Paris Cedex 05
www.editions-eyrolles.com

Cet ouvrage a fait l'objet d'un reconditionnement à l'occasion de son deuxième tirage (nouvelle couverture et nouvelle maquette intérieure).
Le texte reste inchangé par rapport au tirage précédent.

Illustrations : Hung Ho Thanh

Mise en pages : Istria

ISBN : 978-2-212-56194-4

À Hélène, Baptiste, Enzo…
et à tous les petits dyslexiques.

SOMMAIRE

PRÉFACE

La dyslexie est un trouble de l'apprentissage de la lecture, qui se caractérise par une diminution significative des performances en lecture ou orthographe par rapport à la norme d'âge. Ces difficultés sont durables, et il ne s'agit pas d'un simple retard d'acquisitions. Les mécanismes fondamentaux du langage écrit sont atteints dans leur structure même, souvent à la fois dans le versant compréhension et dans le versant expression. La dyslexie/dysorthographie est une des principales causes d'échec scolaire. Elle touche 8 à 10 % d'enfants scolarisés. D'intelligence normale, l'enfant n'a pas de trouble sensoriel ni perceptif ; il évolue dans un environnement affectif, social et culturel normal et n'a pas présenté de trouble psychologique primaire durant les apprentissages initiaux. Tant qu'elle n'est pas reconnue, comprise et rééduquée, l'enfant est en souffrance, et les attitudes de l'environnement familial ou scolaire sont souvent inadaptées par ignorance. L'enfant développera alors un dégoût de l'écrit et il se désinvestira progressivement des matières qui demandent un effort de lecture et de transcription. Il faut dire que toute difficulté d'apprentissage de l'écrit n'est pas une dyslexie et que le diagnostic spécifique est indispensable. Bien que les orthophonistes prennent en charge ces enfants depuis plus d'un demi-siècle, la reconnaissance par les pouvoirs publics de ce trouble date d'une dizaine d'années. Aujourd'hui, autour de l'enfant dyslexique gravitent beaucoup de professionnels qui travaillent en complémentarité ; qu'ils soient de l'éducation ou de la santé, chacun dans ses domaines de compétences, évalue, teste, apporte une aide, une remédiation, un soutien psychologique. Tous ont à cœur d'aider l'enfant à surmonter ses difficultés, ses échecs, le revaloriser et lui redonner confiance en lui… Marie Coulon a fait partie de ceux-là et il semble qu'elle n'en ait pas fini avec la mission qu'elle s'est donnée. Son parcours de dyslexique et son lot de souffrances lui ont permis d'être totalement en empathie avec ces enfants et leurs parents. C'est pourquoi quand elle m'a appelée pour m'annoncer son projet de livre *J'aide mon enfant dyslexique* et m'a demandé si j'acceptais de le préfacer, j'en fus tout de suite ravie et j'ai immédiatement accepté. Ravie car nous avons collaboré pendant de nombreuses années de façon fructueuse et très enrichissante pour des enfants dyslexiques pris en charge conjointement, ravie que son implication auprès des enfants dyslexiques ne s'arrête pas à la cessation de son activité professionnelle, ravie d'entendre une telle envie de transmettre toutes ses recettes, clés, aides et stratégies élaborées au fil de sa carrière de Maître E. À l'issue du bilan orthophonique, il est fréquent que les parents démunis devant les difficultés de leur enfant s'interrogent sur les aides qu'ils peuvent mettre en place à la maison. Cet ouvrage pourra leur être une aide précieuse. Je ne doute pas non plus qu'il sera très souvent parcouru par l'enseignant à la recherche de pistes pédagogiques, par le médecin, le psychologue, le neuropsychologue, le psychomotricien… Tous y trouveront des trésors accumulés durant de nombreuses années de passé de dyslexique et d'années mises au service de ces enfants.

Alors, sans attendre plus longtemps, découvrons toutes les boîtes à malices de Marie…

Catherine Lesage, orthophoniste
Présidente de l'association Résodys Toulon-Var de 2002 à 2004, pôle de proximité de Résodys, réseau de soins pour les troubles du langage et déficits d'apprentissage.

« Nos "mauvais élèves" (élèves réputés sans devenir) ne viennent jamais seuls à l'école. C'est un oignon qui entre dans la classe : quelques couches de chagrin, de peur, d'inquiétude, de rancœur, de colère, d'envies inassouvies, de renoncement furieux, de présent menaçant, de futur condamné.

Regardez, les voilà qui arrivent, leur corps en devenir et leur famille dans le sac à dos. Le cours peut vraiment commencer qu'une fois le fardeau posé à terre et l'oignon épluché. »

Daniel Pennac, *Chagrin d'école*, Gallimard, 2007.

AVANT-PROPOS

Avant de développer les trois parties annoncées dans le sommaire, je souhaite m'adresser à vous, parents d'un enfant dyslexique.

Lire, écrire, compter sont les apprentissages de base du cursus scolaire de votre enfant. Si votre enfant rencontre des difficultés dans le domaine de la lecture, l'école pense assez rapidement à un risque de dyslexie et aussitôt que le mot « dyslexie » est prononcé, l'école est rassurée, elle a résolu l'énigme ! En revanche, pour vous, parents, c'est l'inquiétude, l'angoisse... Vous vous interrogez, vous cherchez à comprendre ce qui se passe et rapidement vous redoutez le pire c'est-à-dire une marginalisation, une stigmatisation de votre enfant. *« S'il ne réussit pas comme les autres qu'allons-nous faire ? »* Je comprends que, face aux difficultés d'apprentissage de votre enfant, vous éprouviez une vive inquiétude, cela est bien légitime. Il se peut qu'en réfléchissant il vous vienne en mémoire le cas de la grand-mère maternelle qui n'a même pas pu « *avoir* » son BEPC. On racontait dans la famille qu'elle était nulle en orthographe mais qu'elle avait fait un bon mariage ! Et puis il y avait aussi l'oncle Georges qui, à 14 ans, quitta l'école où il était « *mauvais élève* ». Il choisit le métier d'électricien, devenu « *artisan* » dans les années 1970 il a géré une entreprise prospère. Peut-être étaient-ils tous deux dyslexiques ? Ce trouble serait-il héréditaire ?

« Mon enfant est pourtant intelligent, affirment les parents... Nous ne comprenons vraiment pas ce qui se passe à l'école ! Que va-t-il devenir ? »

Nous le savons tous, la réussite scolaire est un enjeu sociétal et les difficultés scolaires de nos enfants nous affectent, ce qui est tout à fait normal. Parents, ne doutez pas de l'intelligence de votre enfant, la dyslexie n'a rien à voir avec l'intelligence et apparaît dans tous les milieux culturels. Elle se manifeste comme une difficulté spécifique de l'apprentissage de la langue écrite. Elle revêt différentes formes comme nous le verrons et peut engendrer des troubles associés plus ou moins importants.

Dites-vous que votre enfant est méritant. Il s'épuise souvent à vouloir faire bien, des choses simples pour les uns, mais qui pour lui sont décourageantes. Chaque dyslexique a un fonctionnement cognitif particulier et il subit ses troubles sans comprendre ce qui se passe. Il pense : « *Je suis nul puisque les autres se moquent de moi. Je ne me souviens plus de ma leçon d'histoire et pourtant à la maison je l'ai récitée à maman qui m'a félicité. Je ne comprends rien à ce problème de mathématiques. Je n'y arriverai jamais. Je ne veux plus aller à l'école !* » Le « *métier* » de parents d'enfant dyslexique est de l'aider au jour le jour, le rassurer, l'encourager, le revaloriser, le remotiver, développer ses aptitudes dans les domaines où il réussit. Quand il baissera les bras il faudra le convaincre qu'il est aussi intelligent que les autres enfants de son âge mais que son cerveau ne décode pas de la même manière, que vous serez toujours là pour l'aider et qu'il réussira.

Il faudra lui expliquer ce qu'est la dyslexie, favoriser toujours la discussion et lui donner les moyens de réussir malgré tout. Il vous faudra donc le soutenir tout en le structurant sur ses points faibles, assurer sa motivation pour affronter les efforts qu'il devra fournir et l'assister dans la reconstruction de la confiance en lui et en ses capacités.

Vous pensez que c'est difficile ? Vous avez peur de ne pas savoir lui expliquer ? Peut-être ! Mais… est-ce que vous renonceriez à lui apprendre à faire du vélo sous prétexte que vous ne savez pas en faire ? Vous me répondrez sans doute que vous équiperiez sa bicyclette de stabilisateurs.

Certes, les stabilisateurs… Je ferais volontiers une comparaison en vous répondant qu'en matière de dyslexie le rôle spécifique des stabilisateurs appartient à l'orthophoniste, au psychomotricien, à l'ergothérapeute, au psychologue, au pédopsychiatre… à tous ces spécialistes qui vont pouvoir aider votre enfant le plus efficacement possible. VOTRE enfant a besoin de VOUS pour réussir, il a besoin de savoir que VOUS croyez en lui, il a besoin de VOS encouragements, de VOTRE aide infaillible au cours de sa scolarité, de VOTRE soutien psychologique et surtout affectif. VOUS allez batailler avec lui, le soutenir inlassablement et avant tout maintenir en lui cette estime et cette confiance en soi qui lui font vite défaut.

INTRODUCTION

Derrière le préfixe « dys » se cachent des réalités et des difficultés spécifiques telles que : dyslexie, dysorthographie, dysphasie, dyspraxie, dyscalculie, dys… Nous avons tous entendu parler de ces troubles « dys-férents » mais force est de constater que la pathologie la plus connue, la plus répandue est la dyslexie. Elle est aujourd'hui reconnue comme handicap cognitif. Complexe et délicat, ce sujet me tient particulièrement à cœur parce que je fus une enfant dyslexique. En dépit d'une intelligence et d'une éducation normales, nous présentons un trouble spécifique et persistant dans l'apprentissage du langage écrit. Mal formés ou mal informés, certains enseignants renvoient volontiers aux parents l'image d'un enfant immature, paresseux, inattentif, peu concentré, pas très motivé, psychologiquement fragile… Aussitôt qu'un risque de dyslexie est suspecté, les enseignants sont soulagés et les parents désemparés. Ces derniers sont généralement mal informés et c'est le plus souvent le parcours du combattant qui les guette. J'ai pu le constater pendant de nombreuses années durant lesquelles j'ai exercé le métier d'enseignante. Les difficultés des enfants dyslexiques me rappelaient mon histoire, l'histoire d'une dyslexique, dysorthographique, gauchère « *contrariée* ». Avec un tel handicap, ma réussite scolaire a été le fruit d'un travail assidu ; quant à mon choix professionnel, il fut une réelle vocation. Je me souviens de mes difficultés : me repérer dans le temps et dans l'espace, apprendre à lire, à écrire, à mémoriser mes leçons et les tables de multiplication ; quant aux dictées, elles furent ma « *bête noire* ». Je travaillais à l'école, je travaillais à la maison. Je ne comprenais ni l'acharnement de mes parents, ni les vexations que je subissais à l'école. J'étais « *le vilain petit canard* » de la classe qui ne faisait aucun effort, qui n'apprenait pas ses leçons, qui collectionnait les « *zéros* » en dictée, qui aurait dû porter deux paires de lunettes au lieu d'une, que de vexations ! J'aurais tellement aimé être « *une bonne élève* ». Arrivée au collège, j'ai eu la chance, le bonheur de croiser sur mon chemin une professeur de mathématiques qui s'intéressa à « *MOI* », à mon fonctionnement et m'aida à « apprivoiser » ma dyslexie. Voilà comment j'ai pu réaliser ce beau projet qui ne m'a jamais quittée, celui de devenir « *maîtresse d'école* ».

C'est pour cela que, tout au long de ma carrière, j'ai eu à cœur de comprendre et d'accompagner les enfants en difficulté scolaire et particulièrement les enfants dyslexiques. C'est pour les mêmes raisons que j'ai suivi la formation ASH[1]. Elle m'a permis de travailler avec les enfants en difficulté scolaire en qualité d'*enseignante spécialisée*. La collaboration avec les parents, avec les enseignants lorsque ce fut possible ainsi qu'avec les différents professionnels de santé (orthophoniste, psychologue, psychomotricien…) qui quelquefois accompagnaient les enfants, fut une aide précieuse et enrichissante pour tous.

Les années ont passé… Depuis juillet 2010, je suis retraitée. J'aurais pu tourner la page, oublier mon vécu de dyslexique et d'enseignante spécialisée mais au fond de moi je pensais que je pourrais apporter un regard, une aide différents et/ou complémentaires aux enfants dyslexiques et à leurs parents. Au cours de nos nombreuses conversations téléphoniques, mon ami écrivain Henri Brunel[2] à qui j'en parlais me répétait souvent que dans la vie « *il fallait savoir passer le relais* ». C'est donc lui qui m'a encouragée, guidée, afin que cet ouvrage voie le jour. Je lui en suis particulièrement reconnaissante.

J'ai construit le plan de mon ouvrage en me souvenant des nombreuses questions que se posaient les parents d'enfant dyslexique, j'en ai dressé une liste non exhaustive.

- Qu'est-ce que la dyslexie ? Quelles en sont les causes ?
- Quelles sont les différentes manifestations de la dyslexie ?

- Existe-t-il d'autres troubles spécifiques d'apprentissage en relation avec la dyslexie ?
- Mon enfant dyslexique pourra-t-il apprendre à lire et à écrire comme les autres enfants de son âge ? Faut-il privilégier une méthode d'apprentissage de lecture particulière ? Comment puis-je l'aider ?
- Auprès de qui trouver de l'aide ? Comment prendre contact avec un orthophoniste, un psychologue ? Que vont-ils nous apporter ?
- Comment établir des contacts avec l'équipe pédagogique de l'établissement qui accueille mon enfant et qui ne comprend pas et/ou ne tient pas compte de ses difficultés ?
- La dyslexie de mon enfant est dite *« sévère »*. Que peut-on mettre en place pour l'aider au collège ? au lycée ?
- L'ordinateur peut-il être une aide pour un enfant « dys » ?
- Que propose l'Éducation nationale dans l'aide à apporter aux enfants dyslexiques en milieu scolaire ?
- Qu'est-ce qu'un PAI ? un PPRE ? un PPS ?
- Qu'est-ce que la MDPH ? Comment fonctionne cet organisme ?
- Comment contacter l'enseignant référent de la MDPH ? Quel est son rôle ? Qu'est-ce qu'une *équipe éducative* ? Qu'est-ce qu'une *équipe de suivi de la scolarisation* ?

PARTIE 1

AIDER UN ENFANT DYSLEXIQUE, C'EST « COMPRENDRE » ET « CONNAÎTRE »

Les médias transmettent de nombreuses informations sur la dyslexie. Que devons-nous retenir de tout ce qui circule ? La dyslexie a été mentionnée pour la première fois il y a plus d'un siècle et à ce jour une grande confusion demeure encore sur sa nature. Mais comment aider efficacement l'enfant dyslexique si nous ne connaissons pas l'origine de son trouble, si nous n'en comprenons pas les conséquences et si nous ne tenons pas compte du processus d'apprentissage c'est-à-dire de la *« suite ordonnée des opérations conduisant à une opération »* (d'après le *Petit Robert*) ? Cela me paraît impossible, c'est donc ce que je vais développer dans cette première partie. Mon argumentaire sur la dyslexie reposera, d'une part, sur les récents résultats fournis par l'imagerie médicale fonctionnelle (IRMf) et, d'autre part, sur les avancées des recherches en neurosciences cognitives. Je m'intéresserai ensuite au processus d'apprentissage du langage, de la lecture et de l'écriture.

CHAPITRE 1

LE TROUBLE COGNITIF D'APPRENTISSAGE APPELÉ « DYSLEXIE DÉVELOPPEMENTALE »

Au programme

- **La dyslexie développementale**
- **Les causes et les conséquences de la dyslexie**
- **Les différentes formes de dyslexie**
- **Dyslexique un jour, dyslexique toujours**

La dyslexie développementale

Définitions de la dyslexie

Le préfixe « dys » vient du grec ancien « *dus* » indicateur de l'idée de mal, de manque, de déformation, de difficulté, d'erreur. Surtout employé dans le domaine médical pour créer des termes savants, il est le plus souvent lié à un autre terme savant comme « dyslexie, dystrophie… ». « Lexie » vient de *lexis* qui signifie « élocution, parler, dire ».

Le dictionnaire médical donne la définition suivante de la dyslexie : « *Terme utilisé de façon générale dans les troubles de l'apprentissage de la lecture se révélant par une difficulté à identi-*

fier, comprendre et reproduire les symboles écrits en dehors de toute anomalie visuelle, auditive ou de la parole et de tout retard intellectuel. » Pour l'OMS (Office Mondial de la Santé), « *la dyslexie est un trouble spécifique de lecture. Il s'agit également d'un trouble persistant de l'acquisition du langage écrit caractérisé par de grands déficits de l'acquisition des automatismes des mécanismes nécessaires à la maîtrise de l'écrit (lecture, écriture, orthographe). La dyslexie est donc un trouble spécifique. Les enfants concernés ne présentent pas de trouble intellectuel, pas de trouble psychologique.* »

Dans son livre *Les neurones de la lecture* (2007), Stanislas Dehaene[3] donne la définition suivante de la dyslexie : « *Il s'agit d'une difficulté disproportionnée d'apprentissage de la lecture qui ne peut s'expliquer ni par un retard mental, ni par un déficit sensoriel, ni par un environnement social ou familial défavorisé. [...] La grande majorité des enfants dyslexiques souffre en effet d'un déficit particulier dans la conversion des signes de l'écriture en sons du langage. [...] La communauté scientifique s'accorde aujourd'hui à penser que la dyslexie serait donc un trouble de la lecture des textes causé par un problème au niveau des mots, lui-même causé par des difficultés dans la conversion des graphèmes en phonèmes. La majorité des enfants dyslexiques souffre de troubles du traitement des phonèmes et de la conscience phonémique.* »

Franck Ramus[4] écrit en 2008 : « *Toutes les recherches s'accordent pour dire que, après avoir pris en compte les causes organiques et environnementales évidentes, il reste environ 5 % d'enfants ayant des difficultés "inexplicables" et surprenantes pour leurs maîtres et pour leurs parents. Ils ont une intelligence normale, une perception normale, pas de retard de langage et leur environnement à première vue ne pose aucun problème particulier. Ce sont ces enfants qu'on appelle dyslexiques.* » Tous les chercheurs, tous les professionnels sont d'accord pour reconnaître que les dyslexiques ont une intelligence parfaitement normale et ont parfois d'extraordinaires capacités dans certains domaines. Ces talents seraient dus à leur hémisphère cérébral droit plus grand que celui des lecteurs dits « *normaux* ».

À retenir

> **Nous connaissons tous des dyslexiques célèbres tels Albert Einstein, Léonard de Vinci, Auguste Rodin, Thomas Edison, Louis Pasteur, Robert et John. F. Kennedy, John Lennon, Hugues Auffray ou encore Steven Spielberg réalisateur de *E.T.* puis des *Gonnies*, film inspiré par son amitié pour les autres parias de sa classe…**

Dyslexie développementale et dyslexie acquise

La neurologie distingue deux types de dyslexie : la dyslexie développementale et la dyslexie acquise.

- **La dyslexie développementale** affecte l'apprentissage de la lecture et l'utilisation de l'écrit, elle est la conséquence d'un fonctionnement particulier durable chez certains individus. Elle apparaît aujourd'hui comme « *un problème médical, social et rééducatif de première importance, elle est un domaine prioritaire pour la recherche en neuroscience dans les années à venir* », écrit le neurologue Michel Habib. C'est un déficit inscrit dans la Nomenclature française des déficiences, incapacités et handicap. Depuis les années 1970, les travaux de la psychologie cognitive, les recherches en neurosciences, l'efficacité et l'extraordinaire pugnacité des associations de parents d'enfants dyslexiques ont permis une avancée considérable sur la compréhension et la prise en charge de ce trouble cognitif d'apprentissage. Dans tous les pays, divers défis ont été tentés afin de trouver des solutions pour améliorer les apprentissages des dyslexiques. Une conférence a réuni les représentants de nombreux pays lors du Forum mondial de la dyslexie préparé par Dyslexia internationnal en collaboration avec l'UNESCO et la Commission européenne. L'objectif pertinent fixé par le forum pour l'Europe en 2010 a été « *réduire d'au moins 20 % la proportion des jeunes de quinze ans faibles en lecture* ». Qu'en est-il à ce jour ?

- **La dyslexie acquise ou accidentelle** fait suite à une lésion définie du cerveau le plus souvent d'origine traumatique ou vasculaire. Elle sévit davantage chez l'adulte. Les mêmes types d'erreurs sont relevées dans les deux cas : confusions de lettres, erreurs visuelles au niveau des mots, inversions des syllabes ou des lettres à l'écrit.

Dyslexie, une affaire de langue

Dès le début de l'apprentissage de la lecture et de l'écriture, certains enfants se trouvent en difficulté. Les langues écrites sont plus ou moins régulières et donc plus ou moins faciles à apprendre. Il a été confirmé que les langues difficiles sur le plan phonétique comme l'anglais et dans une moindre mesure le français ont un fort taux de dyslexiques. Jean-François Démonet[5], directeur de recherche à l'Inserm, a fait un comparatif de la dyslexie dans trois pays européens. Il a constaté qu'en matière de complexité, l'anglais tient le haut du pavé des langues écrites. Comparativement aux langues « *régulières* », les langues « *irrégulières* » alphabétiques sont un véritable casse-tête pour les dyslexiques. De ce fait, les spécialistes recommandent de dispenser d'anglais les cas de dyslexie sévère.

Quelques chiffres

Selon le rapport collectif de l'Inserm de 2014, entre 3 et 5 % des enfants de 10 ans présenteraient une dyslexie développementale. Cela représenterait environ un enfant par classe.

Selon la Fédération française des dys (FFdys), 6 à 8 % de la population française souffrirait d'un trouble dys.

Selon la Société française des pédiatres, les troubles spécifiques des apprentissages concerneraient au moins 5 à 6 % des enfants soit un par classe.

Les causes et les conséquences de la dyslexie

Un déficit cérébral à caractère génétique

Les prédispositions génétiques sont claires ; des chercheurs ont même parlé d'un gène de la dyslexie mais il faut toutefois rester prudent. Le caractère héréditaire du déficit phonologique et des troubles de lecture associés a été démontré maintes fois par des études de familles de dyslexique.

À retenir

Chaque enfant d'un parent dyslexique a lui-même environ une chance sur deux d'être dyslexique.

« *Voilà plus de dix ans que les neurologues se penchent sur le cerveau des dyslexiques. L'imagerie cérébrale a permis de confirmer les particularités anatomiques découvertes chez certains d'entre eux : défaut d'asymétrie des hémisphères cérébraux, taille anormalement grande de la masse de substance blanche qui relie les deux hémisphères. L'imagerie fonctionnelle, en visualisant ce cerveau singulier au travail, aide à comprendre pourquoi il peine à la lecture.* »

Extrait de la revue *La Recherche*, l'Actualité des sciences n° 289, Michel Habib, Fabrice Robichon et Jean-François Démonet « le Singulier cerveau des dyslexiques ».

Au cours des quinze dernières années, les recherches consacrées à la dyslexie dans le cadre des neurosciences et de la neuropsychologie ont connu une avancée considérable. L'imagerie par résonnance magnétique (IRM) a permis d'observer certains sujets au cours d'une séance de lecture : une entrée visuelle est d'abord captée par les régions occipitales, les informations sont ensuite transmises à la région occipito-temporale ventrale gauche nommée « *zone de l'analyse visuelle des mots* » par les scientifiques. Elle est responsable de l'analyse de la forme des lettres, de leur reconnaissance et de l'assemblage en mots. Ces informations visuelles activent d'autres régions de l'hémisphère gauche liées à l'accès au sens et à l'accès à la prononciation et à l'articulation (sonorité). Ces deux dernières régions interviennent dans le traitement du langage parlé. En somme, la lecture est une opération complexe qui active successivement de nombreuses zones du cerveau et non seulement l'hémisphère gauche, comme certains modèles dépassés le laissaient entendre. » Le docteur Michel Habib écrit : « *La dyslexie est présente avant la naissance et a pour origine une mauvaise migration des cellules nerveuses cérébrales au cours du sixième mois de grossesse. [...] Les recherches tendent à montrer que le cerveau du dyslexique, loin de manquer de substance cérébrale, "substance grise" qui contient l'origine des neurones, en possède en excès, un excès considérable puisqu'il s'agit de plusieurs millions de neurones supplémentaires !* » Des travaux récents ont confirmé deux différences fondamentales entre le cerveau d'un sujet dyslexique et celui d'un sujet non dyslexique : « *d'une part on observe une modification de l'asymétrie entre les parties droite et gauche de certaines zones de la surface cérébrale, et d'autre part, une augmentation du corps calleux. Ces deux particularités correspondent à des millions de cellules nerveuses supplémentaires du cerveau du dyslexique et il a été montré que ce sont bien ces anomalies qui sont responsables du trouble de dyslexie puisque leur importance s'est avérée proportionnelle à l'importance du trouble de lecture.* »

Dyslexie et coordination cerveau droit/cerveau gauche

Le cerveau humain reste sans doute l'ensemble de circuits le plus remarquable au monde. Grâce à la technique moderne, les scientifiques peuvent aujourd'hui l'examiner de plus près et préciser le rôle de chaque hémisphère. L'hémisphère gauche a en charge la main droite, le langage, l'organisation des activités temporelles et séquentielles, la pensée analytique, abstraite et logique. L'école a tendance à le favoriser. L'hémisphère droit a en charge la main gauche, l'organisation spatiale, des informations simultanées, la pensées globale, concrète, synthétique, l'émotivité et les aspects non séquentiels de l'information auditive.

« L'hémisphère gauche joue un rôle dominant en matière de langage oral et écrit. L'hémisphère droit lui apporte son concours. » (Voir schéma ci-dessous).

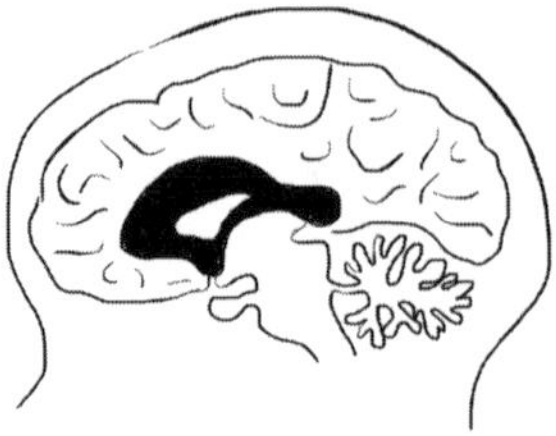

1. *Corps calleux hypertrophié*

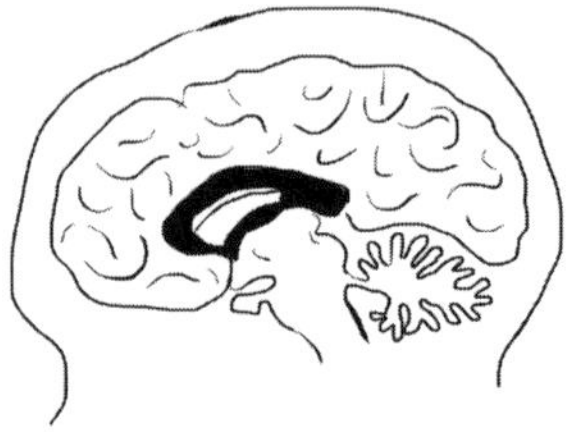

2. *Corps calleux normal*

Nous pouvons comparer sur cette image le corps calleux « hypertrophié » (anormalement important) d'un cerveau de dyslexique au corps calleux d'un cerveau normal.

L'imagerie cérébrale a permis de comparer le fonctionnement du cerveau d'un élève dyslexique entrain de lire au cerveau d'un élève non dyslexique d'âge et de niveau intellectuels similaires, ils ont trouvé des différences visibles… À ce jour, les chercheurs considèrent que la stratégie de remédiation la plus adaptée pour aider un enfant dyslexique au cours de l'apprentissage de la lecture et de l'écriture reste en règle générale celle basée sur l'entraînement de la conscience phonologique et d'un enseignement de lecture adapté. Le docteur Ghislaine Wettstein-Badour[6] s'est longtemps intéressée au dépistage des difficultés d'apprentissage du langage écrit. Elle a pu observer que les images sont prioritairement prises en charge par l'hémisphère droit qui travaille de manière analytique mais que les graphèmes (lettres, chiffres…) porteurs de signification sonores sont traités par l'hémisphère gauche. Cette réalité neurologique est évidemment très importante sur le plan pédagogique car apprendre à lire, c'est connecter les régions visuelles aux régions responsables de la parole. Nous comprenons maintenant que c'est cette connexion qui est déficitaire chez l'enfant dyslexique.

Les différentes formes de dyslexie

Certains auteurs pensent qu'il existe une « typologie » de la dyslexie. Leurs classifications reposent sur :

- des stratégies de lectures différentes ;
- des types d'erreurs spécifiques ;
- des troubles associés particuliers.

Dans la pratique orthophonique, la classification suivante est la plus couramment utilisée :

- dyslexie dysphonétique ou phonologique ;
- dyslexie dyséidétique ou de surface ;
- dyslexie mixte.

Voici les caractéristiques de chacune d'elle et leurs manifestations.

Dyslexie phonologique	• Lecture rapide • Omissions ou substitutions de mots • Inversions ou ajouts de lettres
Dyslexie de surface	• Lecture lente et hachée par manque d'automatisation • Lexique orthographique interne pauvre • Difficultés à orthographier les mots irréguliers normalement stockés dans le lexique interne • Orthographe phonétique
Dyslexie mixte	• Lecture laborieuse • Orthographe très approximative • Difficultés en compréhension écrite

Dyslexique un jour, dyslexique toujours

Le déficit cognitif à l'origine de la dyslexie demeure-t-il présent tout au long de notre vie ?

« *On naît dyslexique et on le reste toute sa vie. Le moment viendra peut-être où les scientifiques pourront rétablir les fameux circuits d'apprentissage du langage grâce à des micro-opérations* », écrit le docteur Michel Habib. « *Absolument. La dyslexie crée un handicap comme pour les gauchers. Les dyslexiques sont plus lents car ils utilisent 30 % de leur cerveau en plus, un peu comme les surdoués* », écrit Béatrice Sauvageot[7]. Nous parvenons néanmoins à acquérir une lecture fonctionnelle, efficace et à éprouver du plaisir à lire. Il nous arrive cependant d'avoir des difficultés dans la maîtrise de l'écriture de la langue française surtout lorsque nous sommes surmenés (c'est notre baromètre) mais en ce XXIe siècle, les technologies nouvelles nous permettent d'être moins complexés !

CHAPITRE 2

LE PROCESSUS D'APPRENTISSAGE FONCTIONNEL (PAF)

Au programme

- **L'apprentissage de la langue orale**
- **L'apprentissage de la lecture, les premiers stades**
- **Les clés de l'écrit : la conscience phonologique et phonémique**

« Tenir compte du processus d'apprentissage fonctionnel (PAF) c'est reconnaître que la manière d'apprendre est aussi importante que ce que l'on apprend… Enseigner selon le processus, c'est aider à apprendre. »

Jean Patry, *Le processus d'apprentissage fonctionnel, le PAF en long et en large*, ministère de l'Éducation du Québec (1993).

Le processus d'apprentissage fonctionnel revêt une importance fondamentale lorsque la personne qui s'initie présente des difficultés passagères d'apprentissage ou des troubles permanents comme la dyslexie. Le processus d'apprentissage décrit les activités mentales, le chemin nécessaire, décomposé en plusieurs étapes, qui aboutit à la maîtrise d'un savoir ou d'un savoir-faire. Comprendre ce qui se passe dans le cerveau de l'enfant non dyslexique qui apprend nous permettra d'aider l'enfant dyslexique à acquérir les stratégies d'apprentissage qui lui font défaut. C'est l'objectif de ce deuxième chapitre.

L'apprentissage de la langue orale

« *Une des caractéristiques les plus extraordinaires du cerveau humain est sa capacité à acquérir rapidement un langage oral précis. La compétence des enfants à l'oral influence grandement la vitesse de la réussite de leur apprentissage de la lecture* », écrit David A. Sousa[8]. Du babillage au récit, plusieurs étapes jalonnent le développement linguistique de l'enfant. « *La maîtrise du langage est un élément fondamental du développement de la personnalité de l'enfant, de sa réussite scolaire* » Vers l'âge de 6 mois, les enfants commencent à babiller, signe avant-coureur de l'acquisition du langage. Vers l'âge de 1 an, les réseaux de neurones focalisent sur les sons de la langue parlée dans l'environnement. Vers 3, 4 ans l'enfant commence vraiment à maîtriser le langage. Il s'inscrit dans la communication qui comprend plusieurs domaines :

- la phonologie (les sons) ;
- le lexique (le vocabulaire) ;
- la syntaxe (la grammaire) ;
- et la pragmatique (le sens général du discours).

Ceci est essentiel car ce sont ces mêmes domaines que nous retrouvons dans l'activité de lecture, d'où l'importance de repérer les troubles du langage dès la maternelle. L'enfant peut-il apprendre à lire s'il ne sait pas bien s'exprimer par la parole ? « *Non, on va du parler au lire* », répond Laurence Lentin[9], auteur d'ouvrages scientifiques dont *Un cerveau pour apprendre à lire.*

Alain Bentolila[10] écrit : « *Le parler juste est une condition nécessaire d'une entrée réussie dans l'apprentissage du lire écrire. Parler, lire, écrire sont des activités langagières.* »

À retenir

> **Les déficits repérés au niveau de la langue orale sont fortement prédictifs de déficits ultérieurs en lecture et en écriture, et les défaillances orales repérées en maternelle risquent d'être les premiers signes d'alerte de la dyslexie.**

En maternelle, le petit enfant s'approprie le langage et découvre l'écrit. « *Le langage oral est le pivot des apprentissages à l'école maternelle. Le travail sur les sons de la parole, l'acquisition du principe alphabétique et des gestes de l'écriture préparent l'apprentissage systématique de la lecture et de l'écriture qui commence en CP* », peut-on lire dans les programmes de maternelle de l'Éducation nationale. Lorsque des perturbations du langage oral de votre enfant persistent, soyez très vigilants. N'attendez pas « *le déclic* ». Ne vous dites pas que « *ça va venir* ». Mieux vaut consulter rapidement un orthophoniste.

En maternelle, deux visites médicales sont désormais obligatoires. La première pour les 3/4 ans par un médecin de PMI, la seconde pour les 5/6 ans par un médecin de l'Éducation nationale. Ces médecins pratiquent un dépistage systématique de différents troubles. C'est dans ce sens que le ministère de la Santé et des Solidarités a publié un guide pratique en mars 2007 intitulé *Langage et troubles du langage oral et écrit*. En voici un extrait pour les 3 à 6 ans.

Âge	Compréhension	Expression
À 3 ans	Comprend le langage du quotidien.	Diversifie son vocabulaire : verbes, adjectifs et mots outils ou fonctionnels (prépositions, pronoms...) , mais parfois mal prononcés. Fait des phrases à trois éléments (sujet, verbe, complément). Commence à utiliser « je ».
À 4 ans	Comprend des phrases longues et complexes et comprend un récit simple.	Précise son vocabulaire. Allonge et complexifie ses phrases. Articule tous les sons.
À 5 ans	Comprend un récit.	A acquis les règles du langage. Construit des récits. Parle sans déformer les mots.
À 6 ans		Est prêt pour apprendre à lire et à écrire.

L'apprentissage de la lecture, les premiers stades

Au moment où l'enfant entre à l'école, son système de langage est normalement bien développé. Face aux mots écrits, le cerveau de l'enfant va alors se demander : « *Quels sont ces signes ? Que signifient-ils ?* » C'est ainsi que va commencer l'apprentissage de la lecture : d'abord par la prise de conscience que les mots sont composés de sons (les phonèmes) représentés par des symboles écrits, les lettres (graphèmes). Être conscient des différences dans les sons du langage oral est essentiel pour apprendre à lire le langage écrit. Contrairement à la langue orale qui s'acquiert au cours de situations d'échange spontanées, lecture et écriture s'enseignent dans des situations spécifiques liées au code alphabétique. Comme la lecture a été inventée il y a tout juste 5 400 ans, « *notre génome (ensemble des gènes d'une espèce) n'a pas eu le temps de se modifier pour développer des circuits cérébraux propres à la lecture et rien dans notre évolution ne nous a préparés à recevoir des informations linguistiques par la voie du regard* », écrit Stanislas Dehaene. Son acquisition n'est donc pas naturelle, elle impose aux circuits du cerveau de profondes modifications engendrées par les activités d'apprentissage. Pour répondre aux parents d'enfants dyslexiques qui se demandent pourquoi leur enfant ne réussit pas à apprendre à lire comme les autres enfants de son âge, il faut savoir comment langage, lecture et écriture se mettent progressivement en place dans le cerveau de l'apprenant. « *Sans que nous en ayons conscience, notre cerveau réalise une série d'opérations sophistiquées dont les principes commencent seulement à être compris*[11] », écrit Stanislas Dehaene.

Voici un exemple. Observons le comportement de l'enfant à qui nous lisons une histoire, à qui nous « *montrons à lire* ». Vous avez certainement constaté que tout en écoutant votre lecture, l'enfant commente les illustrations, anticipe sur la suite de l'histoire… et ne manque pas non plus de vous imiter en suivant du regard ou du doigt ces dessins minuscules aux tracés réguliers sur les pages du livre qui sous votre regard expert se transforment en « *paroles* », en mots, en histoire. C'est dans ces moments privilégiés que le jeune enfant prend contact avec la langue écrite par le biais de stratégies indirectes (affective et sociale). Nous le surprendrons plus tard suivant du doigt les lignes du même livre, tournant les pages faisant du « *raconter/lire* » avec des mots à lui mais aussi avec des mots nouveaux qu'il aura retenus au cours de notre séance de lecture. Il s'exercera même à mettre le ton ! Ainsi, sans le savoir, il s'approprie l'écrit et se familiarise avec la langue écrite, avec les principes alphabétiques que je citerai plus loin, pour devenir d'étape en étape un savoir-faire. Cette situation d'initiation à l'écrit me rappelle les propos suivants d'Alain Bentolila : « *Lorsque l'enfant apprend à lire, il doit nécessairement découvrir comment fonctionne le code écrit et comprendre notamment le principe des mécanismes qui relient les unités graphiques et les unités de l'oral. L'adulte qui sait lire maîtrise* *ces mécanismes avec une telle dextérité qu'il en oublie presque son parcours parfois laborieux d'apprentissage*[12]. »

Certes l'apprentissage de la lecture et de l'écriture ne s'effectue pas sans heurts ; certains enfants mettent plus de temps que d'autres pour apprendre à lire. Dans le cas d'une dyslexie légère, une aide ou un soutien approprié suffira à engager l'enfant dans cet apprentissage mais, dans des cas de dyslexie plus sévères, l'apprentissage de la lecture va être lent, laborieux, parfois douloureux à cause « *d'une perturbation précoce de l'analyse des sons du langage* ».

Un retard en lecture risque d'avoir des conséquences directes et graves dans toutes les disciplines scolaires :

- Comment trouver la solution d'un problème malgré des capacités certaines en mathématiques si l'élève ne comprend pas l'énoncé ?
- Comment réussir un exercice de grammaire quand l'élève a du mal à lire et à comprendre la consigne ?

Les premières recherches concernant le développement des compétences relatives à l'écrit ont concerné la lecture. Le modèle de référence est celui de la psychologue anglaise Utha Frith[13]. Ce modèle fait toujours référence, il est composé de trois étapes qui font du lecteur novice un lecteur expert :

- l'étape logographique ou picturale ;
- l'étape alphabétique ;
- l'étape orthographique.

L'étape logographique : première phase entre langage et lecture

De la même manière qu'il reconnaît les visages ou les objets qui l'entourent, l'enfant de 3 ou 4 ans va progressivement reconnaître des mots dans son environnement : école, rue, maison.

En relevant des indices (formes, couleurs…), il reconnaîtra et mémorisera globalement de plus en plus de mots. À ce stade, l'information linguistique est traitée comme une image mais quelques indices saillants comme le point sur le i, les majuscules en début de mot… aideront à la reconnaissance du mot écrit. Cette étape, appelée étape logographique ou picturale, correspond aux premiers contacts de l'enfant avec le langage écrit. Il découvre peu à peu le monde de l'écrit de la même façon qu'il découvre le monde qui l'entoure. Jean-Paul Jaffré[14] fait de la logographie une phase essentielle, c'est cette première acquisition qui entre autres permet à l'enfant de prendre conscience des blancs graphiques entre les chaînes de lettres qui forment les mots. Au même titre qu'il bénéficie d'un bain de langage pour apprendre à parler, dans ces moments privilégiés de lecture, le jeune enfant « *apprivoise* » le monde de l'écrit en tenant compte des formes, des couleurs, de l'orientation des lettres… Ce stade est important. En petite et moyenne section de maternelle entre 3 et 4 ans, l'enfant reconnaît peu à peu son prénom écrit sur son casier, puis il en reconnaît quelques autres.

Il reconnaît quelques logos, quelques « mots » qui font partie de son environnement familier et il se crée petit à petit un lexique « *pictural* » qui peut être assez important. Il s'agit d'une « *pseudo-lecture* ». « *À ce stade, le cerveau de l'enfant réalise une projection directe de la forme globale des mots vers le sens sans tenir compte de la composition interne en lettres ni de leur prononciation* », explique Stanislas Dehaene. Mais comme l'enfant ne peut pas apprendre à lire en utilisant uniquement cette procédure, entre 4 et 6 ans il prend conscience que notre langue est composée de mots, que chaque mot est composé de syllabes et qu'il peut s'amuser à les compter. Il devient peu à peu capable de différencier quelques sons appelés « *phonèmes* » et il comprend enfin que les syllabes peuvent être composées de plusieurs sons. À ce moment-là, il passe à la deuxième étape, c'est l'étape alphabétique. Il dira par exemple : c'est le a de « papa » ou de « papi », il prendra plaisir à reproduire ou inventer des rimes en s'inspirant de comptines apprises à l'école.

L'étape alphabétique : de la langue parlée à la langue écrite

L'étape alphabétique renvoie aux représentations de l'écrit chez l'enfant. C'est l'étape fondamentale de l'apprentissage de la lecture et de l'écriture. Sa maîtrise signifie que l'enfant a compris que les mots à l'oral sont constitués de sons, de phonèmes et que les phonèmes sont représentés à l'écrit par des lettres. Ce système alphabétique est efficace mais « *son apprentissage n'est pas facile pour deux raisons, les lettres de l'alphabet sont abstraites et non familières pour le nouveau lecteur et les sons qu'elles représentent ne sont pas nécessairement des segments naturels du discours oral* », écrit David A. Sousa. L'enfant « *normolecteur* » va acquérir ce système par trois moyens : la connaissance des lettres de l'alphabet, la connaissance des principes alphabétiques propres à notre langue et l'écriture. Voici la liste des principes alphabétiques :

- l'orientation : la lecture et l'écriture se font de gauche à droite et de haut en bas ;
- les frontières : les mots sont séparés par des espaces dits « blancs » ;
- la ponctuation : les signes forts étant les majuscules et les points ;
- le code alphabétique : une mécanique des correspondances grapho-phonologiques ;
- le lien entre l'oral et l'écrit : ce qui est dit peut être écrit et inversement ;
- les syllabes : la voyelle seule ou associée aux consonnes forment des syllabes différentes ;
- le sens : ce qui est écrit à une signification sociale.

L'étape orthographique

La lecture repose enfin sur la mise en jeu de deux procédures de traitement, l'une de décodage et l'autre globale. La procédure de décodage implique un système de correspondance entre graphèmes et phonèmes. C'est la voie qu'utilise l'apprenti lecteur, c'est celle que nous utilisons encore quelquefois pour décoder un mot nouveau et c'est celle qui met l'enfant dyslexique en difficulté.

La phase orthographique, troisième étape dans l'apprentissage de la lecture, est une procédure globale. Elle permet de reconnaître les mots par *« la voie directe »*. C'est le stade de l'expertise en lecture, c'est l'étape supérieure de reconnaissance des mots. L'enfant est capable de lire des textes de son niveau d'âge ; sa lecture est plus fluide, plus rapide car l'identification des mots s'est automatisée. Le lecteur expert utilise le plus souvent une reconnaissance immédiate des mots bien qu'il ait quelques fois recours au décodage grapho-phonologique. Lorsque le lecteur parvient à lire correctement des mots tels que « femme », « fusil », « monsieur » qui ont une prononciation irrégulière, nous qualifions sa lecture d'*habile*. Quant à la compréhension des textes lus, elle est dépendante de la qualité de l'identification des mots et de la compréhension du langage oral. Plus cette identification est automatisée, plus l'apprenti lecteur est disponible pour construire le sens du texte. D'où l'importance de lire régulièrement des histoires à haute voix à votre enfant jusqu'au cycle 2 (fin de CE1, début de CE2). *« Donner à entendre de la langue écrite »* permet de développer l'apprentissage de la compréhension d'un texte en attirant l'attention de l'apprenant sur certaines difficultés telles que la signification de certains mots, les différentes désignations d'un personnage (« le Petit Poucet », « il », « lui », « le petit garçon », « l'enfant », « le... »). Il comprend aussi qu'un texte n'est pas une suite de phrases accolées mais que le sens se construit grâce aux mots de liaison et aux indicateurs de rappel.

« Savoir lire ce n'est pas seulement connaître les lettres et faire sonner les assemblages de lettres. C'est reconnaître, aller vite, c'est explorer d'un coup d'œil la phrase entière : c'est reconnaître les mots à leur gréement comme le matelot reconnaît les navires. »

Alain, *Propos sur l'éducation*, PUF, 2005.

Les clés de l'écrit : la conscience phonologique et phonémique

La conscience phonologique

C'est la capacité des sujets à prendre conscience des composantes de la parole et des sons. Ainsi, les enfants acquièrent non seulement la capacité d'utiliser la langue française pour communiquer, mais ils sont aussi capables de la prendre pour objet d'étude afin de l'analyser, de la « *disséquer* » indépendamment de la signification.

Pourquoi favoriser le développement de la conscience phonologique ?

Les chercheurs ont montré qu'avant la maîtrise de la combinatoire, l'enfant doit développer sa conscience phonologique afin d'être en capacité de discriminer les sons ou les phonèmes qui composent la chaîne orale. L'enfant va devoir apprendre à encoder (à écrire des mots), à décoder (à lire des mots) et pour cela il devra identifier les phonèmes. Or « *les enfants dyslexiques ont des difficultés considérables dans l'accomplissement de ce type de tâches et ils se révèlent inférieurs aux enfants de deux à trois ans plus jeunes qu'eux mais de même niveau du lexique* ». Il est donc nécessaire de les aider à développer dans ce domaine des stratégies d'apprentissage. C'est ce qu'on peut faire de plus précieux pour eux.

La conscience phonémique ou phonique

Elle fait référence aux phonèmes (élément minimal sonore non segmentable distinctif du langage). L'enfant se rend alors compte que les mots prononcés sont composés de sons et que les sons eux-mêmes sont composés de phonèmes. Le son [ma] est composé de deux phonèmes, *m* et *a*.

CHAPITRE 3

RETARD DE LECTURE OU DÉFICIT COGNITIF

Au programme

- Trouble d'apprentissage ou difficulté d'apprentissage ?
- L'acte de lire et les mécanismes d'identification des mots écrits
- Apprendre à écrire pour mieux apprendre à lire

Trouble d'apprentissage ou difficulté d'apprentissage ?

Au CP, il est souvent difficile pour un professeur des écoles de différencier chez un élève un retard de lecture imputable à des difficultés diverses, d'un trouble spécifique d'apprentissage durable et persistant appelé dyslexie. À ce stade, les enfants faibles lecteurs se répartissent en deux catégories : les dyslexiques (non encore reconnus) et ceux qui présentent des faiblesses en lecture. C'est en CE1, lorsque les difficultés persistent malgré les aides, les interventions adaptées de l'école et le soutien de la famille, que l'on peut parler de dyslexie. La persistance des erreurs imposera un bilan approfondi. Mais tous les enfants en difficulté d'apprentissage ne sont pas dyslexiques. La distinction entre déficit de lecture et dyslexie est extrêmement importante même si dans la pratique (au cycle 2 : CP/CE1) il n'est pas toujours évident de les distinguer. La frontière entre ces deux réalités est parfois infime.

Le retard des enfants en difficulté est lié à des causes environnementales : mauvaise maîtrise de la langue, environnement social peu stimulant, scolarité non assidue, présence de troubles psychologiques, déficits intellectuels ou encore déficiences de la vision ou de l'audition. C'est seulement après avoir éliminé les causes potentielles d'échec que nous venons d'évoquer que l'on peut parler de troubles spécifiques de la lecture, c'est-à-dire de dyslexie.

Les enfants ayant une dyslexie développementale présentent un dysfonctionnement durable et persistant quel que soit leur environnement social, culturel ou scolaire. La dyslexie survient lorsque l'une des voies phonologique ou lexicale, ou les deux, ne sont pas fonctionnelles. Il est conseillé dans un premier temps de faire faire un bilan pluridisciplinaire qui établira un diagnostic spécifique.

Le tableau ci-dessous synthétise la chaîne causale de déficit de lecture d'après Utha Frith, publié en 1985. Sa théorie cognitive a exercé une grande influence sur les recherches ultérieures[15].

Dyslexie	Retards de lecture
Anomalie cérébrale	Pas d'anomalie cérébrale
↓	↓
Déficit cognitif	Pas de déficit cognitif
↓	↓
Performance de lecture déficitaire	Performance de lecture déficitaire

L'acte de lire et les mécanismes d'identification des mots écrits

« Lire, c'est décoder pour comprendre. Dans l'activité de lecture, il s'agit de convertir les lettres en sons, de mémoriser temporairement les éléments lus, de respecter l'ordre des mots dans la phrase pour enfin se créer une représentation permettant l'accès au sens du message créé par l'auteur. Lire, c'est également être capable de reconnaître des mots et d'accéder à leur sens en fonction de leur orthographe[16]. »

La lecture exige un apprentissage spécifique qui nécessite des stratégies d'enseignement différentes pour les élèves présentant des problèmes dans l'apprentissage de la lecture. Lire est un processus artificiel pour lequel le cerveau n'a pas été conçu au départ. « *Pour lire, il faut visuellement prendre de l'information sur le texte, il faut reconnaître les mots, traiter les phrases et les textes. Ces processus mobilisent en partie des capacités qui se sont développées en amont de l'apprentissage de la lecture et en partie le fruit d'apprentissage spécifique au traitement de l'écrit* », écrit Jean-Émile Gombert[17]. L'acte de lire repose sur deux compétences : la capacité à identifier les mots écrits et le traitement du sens pour la compréhension d'un texte. Il est évident que les difficultés liées à l'identification des mots entraînent une difficulté dans la compréhension. Si lire c'est comprendre, lire, c'est d'abord gérer « *les mécanismes spécifiques de la lecture* » qui se sont automatisés chez le lecteur expert qui accède directement à la forme et au sens des mots.

Nous nous appuierons sur le constat de Liliane Sprenger-Charolles[18] : « *Pour imaginer ce que sont ces mécanismes, on peut prendre l'exemple de la musique. Il ne vient à l'idée de personne de dire que celui qui s'avère incapable de "lire" une partition a des difficultés de compréhension de la musique ; il est évident que ce qui lui fait défaut c'est la maîtrise des mécanismes qui permettent au musicien expert d'associer automatiquement dans sa tête une petite suite de notes écrites à un bout de mélodie. Il en va de même pour la lecture : un enfant intelligent ne peut comprendre un texte écrit que s'il a automatisé les mécanismes qui lui permettent d'identifier les mots écrits. Il est difficile d'admettre que la lecture fasse d'abord appel à des automatismes ! C'est pourtant le cas, et ce sont justement ces "automatismes" qui ne se mettent pas bien en place chez le dyslexique.* »

En début d'apprentissage, l'enfant décode les mots en utilisant la procédure analytique ou phonologique puis, lorsqu'il a mémorisé un certain capital de mots, il utilise la procédure lexicale, plus directe. Il reconnaît et comprend directement les mots qu'il a mémorisés. Quels sont les mécanismes de l'apprentissage du code ? Le docteur Ghislaine Wettstein-Badour (précédemment citée) nous explique le fonctionnement du décodage des mots que je me permets de résumer ainsi : les données visuelles arrivent au cerveau au rythme de saccades oculaires. Les saccades ne peuvent se succéder dans l'exploration du langage écrit que si le cerveau a compris la signification de chacune d'elle. Cette compréhension se produit quand les données sont identifiées dans la mémoire des neurones. Ce constat est révélateur. Il met en évidence un problème de « *temps* » entre le moment où le signe graphique est perçu par le cerveau, et le moment de son identification.

À retenir

Le lien entre les signes graphiques perçus et leurs correspondants sonores ne peut se réaliser correctement que si le temps mis pour son exécution est bref. Sinon les souvenirs rappelés de la mémoire sont effacés avant que la tâche ne soit accomplie.

Nous avons évoqué plus haut la connexion entre les régions visuelles et les régions responsables de la parole du cerveau.

Elle est difficile à mettre en place. Ceci nous laisse comprendre que lorsque le signe graphique (graphème) n'est pas rapidement identifié et transformé en son (phonème) le décodage ne peut pas s'effectuer, la correspondance lettre/son ne se fait pas. **Prenons un exemple :** pour lire la syllabe « ma ». L'enfant doit identifier la lettre *m* la faire correspondre au son [meu] tout en gardant ce son en mémoire il doit identifier la lettre *a* qui correspond au son [a] afin d'associer les sons [meu] [a] et dire « ma ».

C'est ce que certains pédagogues appellent « *la stratégie de la glissade* ».

Le premier phonème [meu] est placé en haut du toboggan et le second [a] est en bas. En fusionnant les deux phonèmes [meu] [a] on obtient la syllabe « ma ». Nous comprenons toute l'importance de la connaissance du système alphabétique et de son entraînement sous diverses formes.

À savoir

Certaines polices de caractères facilitent la lecture aux dyslexiques. Elles sont sans empattement, sans « sérif » en terme informatique.

Voir site : www.dysmoi.fr/...dyslexie...-police de caractère et le site Auxilidys www.auxilidys.fr/decouvrir-la-police/

Apprendre à écrire pour mieux apprendre à lire

Lecture et écriture sont associées mais la tradition veut cependant que la lecture précède l'écriture. Lorsque nous parlons d'un enfant qui entre en CP, nous disons : « *Ça y est, il va apprendre à lire !* » À l'école, la lecture est privilégiée, la plupart des enseignants ainsi que les méthodes de lecture accordent d'une façon générale peu d'importance à la production d'écrit qui pourtant est le codage de l'oral. « *L'écrit se réalise par la médiation des lettres de l'alphabet et la maîtrise de la conscience phonémique (correspondance lettres/sons), c'est un outil d'analyse de la langue. [...] La compréhension du fonctionnement de ce système d'écriture est complexe* », a écrit Liliane Sprenger-Charolles. « *Une fois l'alphabet stabilisé, le langage écrit en dérive logiquement, comme une conséquence naturelle. Il faut simplement que la main sache tracer les signes.* » Pour Maria Montessori, l'écriture est bien la porte de la lecture et pas l'inverse. Elle nous donne l'exemple suivant : « *Je surpris un jour un enfant disant "Pour faire Sofia, il faut un S, un O, un F, un I, un A" en se répétant les sons qui composent le mot. Toute l'importance du progrès de l'écriture alphabétique se trouve en ce point de rencontre où les deux langues se développent parallèlement.* » Jacques Fijalkow[19] considère que l'écriture et la lecture sont deux activités à mener de concert dès le début de l'apprentissage de la langue écrite.

Mon expérience

En tant qu'enseignante spécialisée, j'ai bien évidemment été confrontée aux difficultés des jeunes élèves dans l'apprentissage de la lecture. Les activités que je proposais étant pour certains sans intérêt, j'ai pensé que le savoir écrire, autre « *facette* » du savoir lire, pourrait faciliter la compréhension de l'écrit. J'ai rapidement mis en place des « ateliers d'écriture » avec de petits groupes d'élèves de grande section, de CP, de CE1 et même de CLIS dys[20]. Nous commencions par une séance de langage et, selon le niveau des élèves, nous décidions d'écrire un mot (celui qui revenait souvent dans nos échanges verbaux) ou une phrase pour résumer notre conversation du jour ou un message pour communiquer une information à leur enseignante... Pour écrire un mot, nous commencions par le décomposer en syllabes puis nous recherchions les sons dans chaque syllabe, cela nous permettait d'identifier les sons (les phonèmes) pour les transcrire et les lettres (les graphèmes). J'ai pu constater que les enfants appréciaient cette façon de travailler, ils étaient acteurs, s'investissaient et prenaient du plaisir. Ils disaient que c'était comme un jeu de devinette, qu'il fallait trouver les bonnes lettres *« le bon costume »* pour écrire les mots, ils étaient vraiment en recherche, chacun d'entre eux proposait une réponse en la justifiant, en la comparant à un mot qu'il connaissait. Celui qui trouvait la bonne orthographe du mot était fier de pouvoir l'écrire au tableau en expliquant à ses camarades ce qui l'avait mis sur la voie. Au cours de ces recherches d'encodage, ils pouvaient exploiter toutes sortes de supports écrits mis à disposition dans la classe, les affichages didactiques, des publicités, les livres de bibliothèque... *« Abandonner la lecture pour travailler l'écriture produit des effets spectaculaires »*, écrit Jacques Fijalkow. J'ai pu en faire le constat. L'important est de guider *l'explorateur du lire-écrire* afin qu'il construise ses propres connaissances dans une relation d'échange et de respect, qu'il puisse les expérimenter, les faire siennes. Se confronter à la procédure d'encodage des mots, rechercher *« la bonne écriture »* par tâtonnements, faire des hypothèses facilite l'articulation entre la langue parlée et la langue écrite. Pour les plus grands, les élèves de cycle 3, de collège ou de lycée, le travail d'écriture nécessite le rappel des règles d'orthographe, des accords, des terminaisons de verbes conjugués bref, de toutes les notions de base que le dyslexique a du mal à intégrer.

N'hésitez pas à mettre en place des exercices d'entraînement ludique et régulier d'écriture : de syllabes, de mots, de phrases puis de textes. L'enfant apprend par essais, par erreurs, par hypothèses à partir de problèmes auxquels il est confronté.

La dictée à l'adulte

Pour entrer ainsi dans l'écrit, l'apprenti scripteur évolue par étapes comme pour l'apprentissage de la lecture. La première étape correspond à une pratique utilisée en maternelle, c'est *« la dictée à l'adulte* ». L'adulte est secrétaire, l'enfant est déchargé de l'acte graphique car il n'en a pas encore les compétences. il peut ainsi se concentrer sur la structuration de l'oral. Par exemple : il faut écrire « il y a » et non pas « y a », « ils ne jouent pas » et non pas « ils jouent pas », etc. La dictée à l'adulte vise à initier l'enfant aux spécificités de l'écrit, c'est un moyen de faire produire un texte à l'écrit comme nous pourrions éventuellement le faire avec un ordinateur en utilisant la « *dictation* ».

La dictée à l'adulte participative ou « écriture accompagnée »

Maître	Fait verbaliser ce que les enfants veulent dire. Conduit le dialogue afin d'aboutir à une phrase ou un énoncé court.	Prend en charge l'aspect graphique de l'écriture : scripteur. Sollicite les enfants du groupe pour savoir comment s'écrit chaque mot, fait épeler...
Élèves	Échangent leurs idées. Écoutent les autres. Reformulent. Argumentent.	S'interrogent sur comment faire pour écrire. Recopient individuellement l'énoncé.

L'écriture inventée

Maître	Fait verbaliser ce que les enfants veulent dire. Conduit le dialogue. Étaye....	Observe, encourage à écrire.	Positive, demande à l'enfant de lire son écrit, comment il a fait... transcrit dans la forme orthographique en dessous de l'écrit de l'élève.
Élèves	Échangent leurs idées. Écoutent les autres. Reformulent. Argumentent.	Écrivent seuls en tâtonnant, explorant la langue écrite. Puis, on peut proposer une écriture collective.	Essaient de relire, formulent leurs stratégies, réfléchissent sur la langue.

À ce stade de notre compréhension sur la dyslexie, retenons que pour aider l'enfant dyslexique à maîtriser la langue écrite, il faut développer en lui les différentes phases par lesquelles le cerveau doit passer pour apprendre à lire et à écrire. L'enfant parviendra progressivement à une lecture autonome et « habile » ainsi qu'à une écriture autonome de textes. N'attendez surtout pas que votre enfant maîtrise l'orthographe et la grammaire pour l'encourager à écrire, l'écriture enrichit et automatise peu à peu les connaissances orthographiques et grammaticales comme elle développe son « habileté » de lecteur.

« Dans l'écriture, la main parle ; dans la lecture, les yeux entendent les paroles. »

Eugène Géruzez, *Mélanges et pensées*,
Librairie L Hachette et Cie (1866)[21].

PARTIE 2

AIDER UN ENFANT DYSLEXIQUE, C'EST DIAGNOSTIQUER ET PRENDRE EN CHARGE

L'échec scolaire de l'enfant dyslexique n'est pas dû, nous le savons, à un manque de travail ni à une mauvaise volonté de sa part, bien au contraire. Dans notre système scolaire, les enfants présentant des troubles spécifiques de la langue écrite (TSLE) ne sont pas toujours identifiés et sont souvent inclus dans un groupe d'élèves en difficulté scolaire. Un retard de langage en maternelle, un décalage entre les difficultés d'acquisition du langage écrit et des compétences préservées dans d'autres domaines, en primaire et au collège, peuvent être des signaux d'alerte. Nous savons que le diagnostic de dyslexie ne peut pas être posé avant la fin du CE1. Cependant tous les spécialistes insistent aujourd'hui sur l'importance d'un repérage précoce, une prise en charge tardive risquant de compromettre sérieusement l'avenir d'un enfant en dépit de son intelligence.

CHAPITRE 4

DU REPÉRAGE À LA PRISE EN CHARGE

Au programme

- **Le repérage et le dépistage**
- **Les signes précurseurs de dyslexie, le diagnostic et la prise en charge**
- **Les prises en charge et les aides selon les troubles**
- **Les différents troubles spécifiques d'apprentissage**

Le repérage et le dépistage

- **Repérer,** c'est remarquer, porter une attention particulière aux difficultés relatives au langage oral ou écrit quelles que soient leur nature, leur forme, leur intensité. Le repérage repose sur une connaissance de la norme et des signes d'alerte de dysfonctionnement. L'observation en classe par un enseignant « averti » accompagné si possible par un enseignant spécialisé du RASED permet de repérer les difficultés d'un élève en pratiquant un dépistage et un diagnostic précoce, et d'informer la famille le plus tôt possible.
- **Dépister,** c'est identifier des sujets porteurs d'une anomalie donnée au stade précoce. Le dépistage précoce va mettre en évidence des éléments évoquant ou non l'existence de difficultés spécifiques. Dès la maternelle, il va permettre de cibler les signes prédictifs de risques. « Il est important que ce dépistage ne soit pas "délégué" uniquement à l'école. Il

faut au contraire une association de vigilance des parents, de l'entourage, du médecin de famille et des enseignants[22]. »

Selon « Éduscol[23] », « *dépister, c'est identifier dans une population,* a priori *en bonne santé, des sujets porteurs d'une anomalie donnée, à un stade précoce dans le but de réaliser des examens complémentaires de diagnostic et de prendre des mesures préventives thérapeutiques. En milieu scolaire, le dépistage est du ressort du médecin de PMI en petite et moyenne section de maternelle puis du médecin de santé scolaire pour le reste de la scolarité dans l'enseignement public.* » Le plus souvent, c'est l'enseignant en collaboration avec les membres du RASED, et plus particulièrement de l'enseignant spécialisé, qui repèrent le ou les élèves risquant de développer un trouble des apprentissages. Le travail en équipe (médecin, infirmière, psychologue, enseignant, enseignant spécialisé) permet la mise en place d'un suivi et d'une guidance pédagogique adaptée. Mais il arrive aussi que, dès la maternelle, ce soit les parents qui s'inquiètent les premiers des difficultés rencontrées par leur enfant et qui décident de consulter leur médecin traitant. Celui-ci les dirigera vers un orthophoniste ou un (neuro) psychologue pour effectuer un bilan.

Les signes précurseurs de dyslexie, le diagnostic et la prise en charge

Voyons à présent quels peuvent être les signes indicateurs de la dyslexie chez les enfants d'âge préscolaire. Je vais me référer à deux documents : le premier a été publié par APEDYS France (Association des parents d'enfants dyslexiques). Il s'appuie sur les travaux de comités pluridisciplinaires comprenant des parents, des enseignants, des psychologues, des orthophonistes et sur les travaux du docteur Michel Zorman[24]. Je remercie l'association APEDYS pour toutes leurs publications qui aident les parents et les enseignants, en quête de compréhension et de ressources sur les troubles « DYS ».

Le deuxième document a été rédigé par un comité autour de Alain Lennuyeux[25].

Les signes précurseurs de risques de dyslexie en maternelle

En petite section

- L'enfant ne communique pas avec les autres ou le fait par gestes.
- Il parle pas ou peu, ne construit pas de phrases, il s'isole, se montre agressif ou agité. Il parle mais est inintelligible pour tout autre que ses proches. Il ne communique guère avec les autres, il ne construit pas de phrases, il a tendance à s'isoler.

En moyenne section

- L'enfant présente les mêmes troubles qu'en petite section. Il construit mal ses phrases, omet les articles, ne conjugue pas les verbes, Il n'utilise pas « je » pour parler de lui…
- La mémoire immédiate est insuffisante (rythmes, comptines, histoires courtes…). L'enfant présente une maladresse gestuelle.

En grande section

- L'enfant présente les mêmes troubles qu'en moyenne section.
- Il ne possède pas tous les sons de la langue, fait des confusions (*ch/s, tr/cr, l, r, pr, pl*, etc.).
- La mémoire visuelle est insuffisante.
- Il ne sait pas bien nommer les différentes parties du corps. Le dessin du bonhomme est peu structuré. Il ne sait pas se repérer dans l'espace : sur/sous, devant/derrière, en haut/en bas.

- Il se repère mal dans la journée (matin, midi, soir).
- Il ne reconstitue pas la chronologie d'une histoire en images. Il s'organise mal dans une séquence d'actions, comme se laver les mains par exemple.
- L'enfant est mal latéralisé.

Au niveau du graphisme, il présente :
- une grande maladresse, une mauvaise tenue du crayon ;
- des confusions d'orientation des signes ou des lettres : haut/bas, droite/gauche, *u/n, q/p, d/b, o/a, l/h, f/t*.
- Certaines lettres ou chiffres sont tracés à l'envers : dans le sens des aiguilles d'une montre pour les o et pour toutes les lettres qui démarrent de la même façon : *a, g, d…*
- L'enfant manifeste un manque d'attention et une certaine lenteur.

Les difficultés d'apprentissage à l'école élémentaire et au collège

De nombreuses confusions sont notées en production orale ou écrite, cette liste représente les principaux signes d'alertes :
- Confusions entre phonèmes sourds et sonores : [b]/[d] ; [t]/[d] ; [k]/[g] ; [f]/[v] ; [s]/[z] ; [ch]/[j].
- Confusions entre lettres visuellement proches : *b/d ; m/n ; u/n…*
- Inversions : *or/ro ; cra/car ; pur/pru…*
- Omissions : *arbe/arbre.*
- Addition : *ordeur/odeur ; désire/désir.*
- Substitutions : *capane/cabane ; nur/mur.*
- Confusion de sons complexes : *oin/ion ; ein/ien ; euil/euille.*
- Lecture d'un mot pour un autre : *loin/lion.*

- Lecture silencieuse : l'enfant lit lentement, inverse les sons, oublie des mots. Sa mémoire immédiate et ses difficultés le pénalisent.
- Lecture expressive : l'enfant lutte contre les inversions, les omissions, les confusions, il saute des lignes, etc.
- Orthographe : l'enfant confond les sons et le sens. Il connaît le plus souvent les règles d'orthographe, les verbes conjugués et leurs terminaisons, les leçons de grammaire sur les accords et autres difficultés grammaticales mais il ne sait pas ou ne sait plus les appliquer. Éviter les explications doubles : « a » et « à ».
- Copie : la copie est un exercice très difficile. Pour réussir une copie sans faire d'erreurs il faut lire et comprendre le texte et le reproduire. Or, l'enfant confond des sons, inverse des lettres ou en oublie. D'une ligne à l'autre il ne sait plus où il en était, il ne sait plus ce qu'il devait écrire. Cela est dû à un problème spatial et à un problème de mémoire immédiate.
- Grammaire : l'enfant a du mal à repérer les phrases, à reconnaître les différents types de phrases (affirmative, négative, interrogative), à distinguer le groupe nominal, le groupe verbal, la nature, le genre, le nombre et la fonction des mots. Il ne comprend pas le vocabulaire « savant » grammatical. Il confond nom et mot, genre et nombre, nature et fonction.
- Conjugaison : l'enfant a du mal à distinguer passé, présent, futur. Il a un problème d'orientation dans le temps. Il a du mal à reconnaître le verbe dans une phrase, à l'accorder, à le conjuguer et à accorder le participe passé. Il confond : *é-er-ait-ez*.
- Vocabulaire : l'enfant a du mal à trouver les mots d'une même famille, à trouver des contraires, des synonymes, à distinguer les homonymes (*on/ont*), à chercher dans le dictionnaire et à classer les mots par ordre alphabétique. Sa confu-

sion des sons occasionne des confusions de sens : *sait-c'est, éruption-irruption.*

- Expression écrite : l'enfant a du mal à construire une phrase, à commenter une image pour en inventer la suite, à mettre en ordre un récit, à écrire un texte. Il a du mal à se repérer et s'orienter dans le texte et à le comprendre. Toutes ces difficultés entraînent souvent un blocage à l'écrit.
- Écriture : l'enfant n'est pas à l'aise avec l'écriture, il n'écrit pas toujours lisiblement ; il ne sait pas utiliser les signes de ponctuation, les accents, les majuscules.
- Poésie : l'enfant met du temps à comprendre, il a du mal à mémoriser les textes et à les restituer avec expression.
- Technique opératoire : l'enfant a un problème de mémoire immédiate. Il ne mémorise pas ou inverse la retenue. Il inverse les actions à faire (exemple : 16 – 9 = 83 obtenu en faisant 9 – 6 =3 et 9 – 1 = 8. Il inverse dans l'espace et manque de rigueur et de soin.
- Résolution de problèmes : les difficultés en lecture de l'enfant entraînent des problèmes de compréhension. Le vocabulaire spécifique lui pose problème (exemple : 2 euros pièce il comprend une pièce de 2 euros). Il a du mal à suivre un raisonnement logique.
- Géométrie : l'enfant éprouve des difficultés à se représenter les objets dans l'espace. Il mémorise difficilement les termes abstraits qu'il comprend mal. Il inverse les points de repère. Sa motricité fine est pataude.
- Mesures : l'enfant, ayant un problème d'orientation temporelle, se représente difficilement les grandeurs et les notions abstraites. Il inverse les points de repère.
- Histoire-géographie, sciences : beaucoup de problèmes se posent dans ces matières. L'enfant présente une difficulté de mémorisation (mots complexes, noms étrangers, dates…), il a des problèmes de chronologie, problèmes spatiaux.

Le bilan orthophonique. À quel moment ?

Ce tableau nous aide à comprendre à quel moment et selon quels symptômes il est judicieux de faire faire un bilan orthophonique.

Âge	Symptômes
De 3 à 4 ans	Un bilan orthophonique doit être prescrit en cas : • d'absence de langage compréhensible par les personnes non familières ; • d'absence de structure grammaticale (trois mots dont un verbe associé à 3 ans) ; • de troubles de la compréhension ; • de bégaiement.
De 4 à 5 ans	Devant tout retard, le bilan orthophonique peut être indiqué pour faire une évaluation quantifiée des troubles de l'expression et des troubles de la compréhension. En cas de retard sur l'expression et en l'absence évidente de retard ou de trouble sur la compréhension, des conseils aux parents et une simple surveillance sont justifiés, avec un réexamen de l'enfant trois à six mois plus tard. Le bilan orthophonique sera prescrit devant la persistance des troubles.
À 5 ans	Le bilan orthophonique est justifié devant tout trouble du langage oral.
À 6 ans	Le médecin qui a dépisté, lors de l'examen systématique de la 6e année, que l'enfant n'a pas les prérequis à l'apprentissage, prescrit un examen d'aptitude à l'acquisition du langage écrit.
À 7 ans	Lors de la deuxième année d'apprentissage de la lecture et au-delà, le médecin doit prescrire un bilan orthophonique devant un retard ou des difficultés d'acquisition de lecture, et devant tout trouble du langage oral et de l'écriture.

Le diagnostic

« *Diagnostiquer c'est identifier le trouble en précisant le caractère spécifique et la sévérité de celui-ci*[26]. » Nous savons que le diagnostic de dyslexie ne peut être posé avant la fin du CE1. Rappelons qu'un enfant qui ne lit pas bien en fin de CP n'est pas forcément dyslexique. Il faut s'assurer que l'enfant n'a pas de déficience intellectuelle, ni de trouble de l'audition ou de la vue. Le bilan psychométrique (QI) écartera toute déficience intellectuelle. Le bilan orthophonique est réalisé sur prescription médicale : médecin scolaire, généraliste, pédiatre. Cette prescription permet de donner à l'orthophoniste les renseignements nécessaires sur les difficultés de l'enfant ainsi que sur l'histoire médicale concernant le trouble dépisté : contexte, antécédent familial. Selon Éduscol, « *le diagnostic pluridisciplinaire s'appuie sur un bilan médical, orthophonique et neuropsychologique, il est fait auprès des professionnels de santé ou dans des centres de référence hospitaliers. Il est indispensable que soient engagés avec les parents les échanges nécessaires afin de les informer et de les associer à toute démarche de repérage, de dépistage et de diagnostic ainsi qu'à toutes les démarches d'aide* ».

En effet, il est préférable que plusieurs spécialistes paramédicaux posent le diagnostic. C'est ce qu'on appelle un « bilan pluridisciplinaire », il peut être réalisé dans « un centre référent » pour les troubles du langage. Ces centres de référence ont été créés au sein de certains centres hospitaliers. Il en existe en principe un dans chaque région que vous pourrez trouver sur le site : www.inpes.santé.fr

Pour les troubles importants, les examens doivent cumuler les domaines suivants : médical, psychologique, orthophonique, psychomoteur et neuropsychologique, scolaire.

Pour les troubles moins importants (moyens ou légers), des bilans moins nombreux pourront suffire à établir un diagnostic valide.

Les prises en charge et les aides selon les troubles

Optimiser la prise en charge de l'enfant dyslexique est un enjeu essentiel.

La prise en charge tiendra compte des troubles communs à tous les enfants dyslexiques mais aussi du type de dyslexie et des éventuels troubles associés de votre enfant. De ce fait, elle sera de nature et d'intensité différente. Pour ce faire vous aurez recours à différents professionnels qui évalueront au préalable les troubles selon un diagnostic précis afin d'aborder les techniques de soutien.

La famille informée par l'établissement scolaire prendra en compte les observations des divers professionnels et pourra consulter son médecin traitant qui prescrira le plus tôt possible les examens nécessaires.

Schéma pour l'identification et la prise en charge des élèves présentant un trouble spécifiques du langage

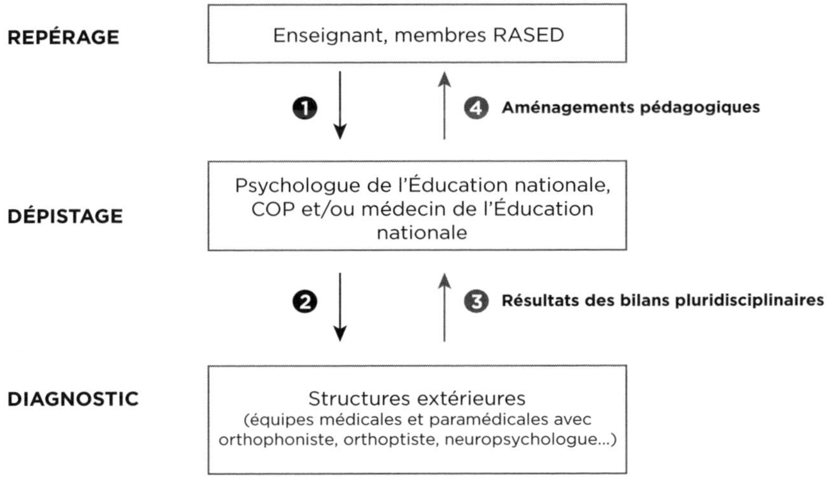

Quels professionnels contribuent au bilan et à la prise en charge ?

- **L'enseignant** repère l'enfant en difficulté ou à risque de difficultés. Il en informe la famille. Il adapte sa pédagogie aux difficultés de l'enfant.
- **Les membres du RASED** dont l'enseignant spécialisé et le psychologue scolaire.
- **Le médecin** de l'Éducation nationale et/ou le médecin traitant réalise le bilan d'entrée au CP entre 5 et 6 ans. Il tient compte des remarques de l'enseignant et/ou de la famille. Si l'enfant présente des troubles risquant d'entraver l'apprentissage du langage écrit, il prescrit les examens nécessaires à l'élaboration d'un diagnostic.
- **L'orthophoniste** réalise un bilan complet des aptitudes de l'enfant. Ce bilan est composé d'une anamnèse précise (développement de l'enfant, son histoire médicale, son développement moteur et langagier, les difficultés scolaires qu'il rencontre et les prises en charge passées ou actuelles).

  Le bilan évalue le niveau de langage oral et écrit de l'enfant. Cette évaluation utilise des tests étalonnés qui situent l'enfant par rapport à une norme d'âge, détermine ses compétences, les causes de ses difficultés, sa motivation, les objectifs à atteindre. L'orthophoniste établit un diagnostic précis, « *un bilan* » mettant en évidence les capacités déficitaires de l'enfant et le projet thérapeutique. Le compte rendu de bilan sera transmis au médecin prescripteur. Il précise éventuellement la nécessité d'examens complémentaires, les objectifs du projet thérapeutique de la prise en charge quand elle est souhaitable, le nombre de séances nécessaires et le trouble diagnostiqué.

La prise en charge dans les faits

Elle sera individuelle, proposera des activités attrayantes adaptées aux besoins spécifiques de l'enfant à raison d'une, deux ou trois séances par semaine selon le cas. Le bilan orthophonique a pour but de mesurer les compétences et les lacunes qu'un enfant peut avoir si on le compare avec la moyenne des autres enfants de son âge. Il servira de référence pour évaluer ses progrès à la fin des séances de rééducation. L'orthophoniste fournit obligatoirement un compte rendu au médecin prescripteur. Le plus souvent la famille transmet le bilan à l'enseignant de l'enfant, cela est une aide précieuse pour la mise en place d'une pédagogie adaptée. Un travail en collaboration orthophoniste/enseignant/parents est indispensable pour faire progresser l'enfant dyslexique, mais il faut vouloir y consacrer un peu de son temps !

- **Le psychologue** calcule le quotient intellectuel de l'enfant (QI) et établit selon le cas le diagnostic de troubles psychologiques. Ce peut être le psychologue scolaire, celui du CMP (centre médicopsychologique), du CMPP (centre médicopsychopédagogique) ou du CAMSP (centre d'action médicosociale précoce, de la naissance à 6 ans) ou d'un psychologue en cabinet libéral.
- **Le psychomotricien** réalise un bilan des capacités motrices de l'enfant (dessin, graphisme, aptitudes corporelles). En cabinet libéral, la prescription médicale n'est pas systématiquement remboursée par la Sécurité sociale. Vous pourrez éventuellement contacter le CMP, le CMPP ou le CAMSP de votre secteur.
- **L'orthoptiste** dresse le bilan des capacités des mouvements du regard et de l'efficacité de la vision des deux yeux. Il détermine si l'enfant a besoin ou non d'une rééducation. Vous pourrez consulter en cabinet libéral, au CMP, au CMPP ou en centre hospitalier.
- **L'ergothérapeute** réalise un bilan de motricité, des perceptions visuelles ou tactiles, de l'organisation dans l'espace et apporte son aide à l'utilisation de matériel technique (ordinateur).

Les professionnels sollicités pour effectuer un bilan, en fonction des difficultés rencontrées, jugeront de la nécessité d'une prise en charge chacun dans leur domaine respectif de compétences. La prescription d'un bilan orthophonique est la plus fréquente.

Les différents troubles spécifiques d'apprentissage

Un trouble spécifique d'apprentissage est défini comme « *une altération spécifique d'une fonction cognitive* ».

Les élèves qui présentent des troubles spécifiques d'apprentissage sont ceux qui ont un fonctionnement cognitif différent et qui ont/ressentent des difficultés persistantes. En 2006, Gilles de Robien alors ministre de l'Éducation nationale déclarait : « *L'égalité des chances, c'est d'abord l'égalité des toutes premières chances.* » C'est bien là, dès les premières années de la scolarité qu'il faut repérer les difficultés. Parmi les troubles d'apprentissage se trouvent les troubles « dys » qui cachent des réalités différentes pas toujours évidentes à déceler. Parfois plusieurs types de « dys » s'accumulent dans la tête de l'enfant. « *La dyslexie est pratiquement toujours associée à un déficit dans un autre domaine* », a écrit le docteur Michel Habib. Dysphasie, dyspraxie, dyslexie, dysorthographie, dyscalculie et trouble de l'attention, tous les troubles spécifiques d'apprentissage nécessitent un diagnostic précis et une prise en charge adaptée car ils peuvent constituer un réel handicap face aux apprentissages dont les difficultés scolaires sont le révélateur.

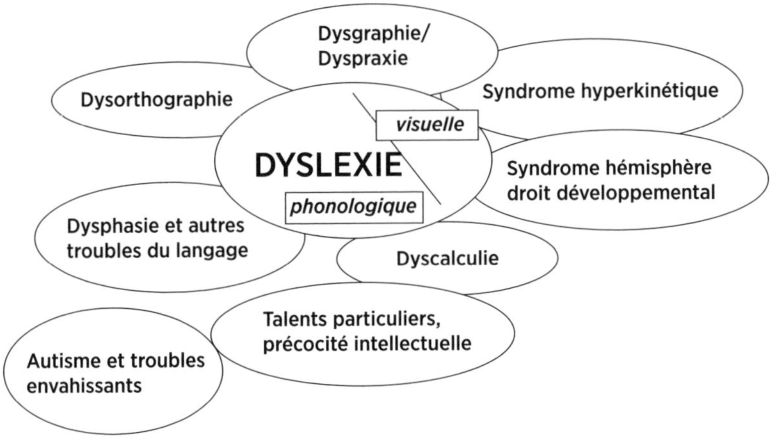

La dysorthographie

La dysorthographie se définit comme une difficulté durable d'apprentissage de l'orthographe et de l'acquisition de son automatisme chez un enfant normalement intelligent, indemne de troubles sensoriels ou psychologiques. Elle accompagne souvent une dyslexie.

Comment l'expliquer ? Suzanne Borel-Maisonny écrit : « *Quand l'enfant qui a péniblement appris à lire veut écrire, les mêmes difficultés continuent de le gêner. Il orthographie de façon incompréhensible avec des fautes qui étonnent et se maintiennent pendant des années. Sur tous les autres plans les progrès scolaires sont normaux et parfois brillants.* »

Elle distingue trois stades dans le développement de la dysorthographie :

- rien-que-dyslexique ;
- encore-dys-déjà-dysorthographique ;
- et les ex-dys devenus dysorthographiques.

Mon expérience

Personnellement en tant que dyslexique je me retrouve tout à fait dans cette évolution de la dyslexie. Si j'ai pu corriger ma dyslexie au niveau de la lecture, ma dysorthographie insidieuse est toujours bien présente. Le travail d'écriture que je conduis en ce moment est là pour me le rappeler !

Les signes de dysorthographie sont faciles à détecter, les lacunes en matière d'orthographe et des règles d'accord sont les plus fréquentes :

- fusion des mots : « lécole » pour « l'école » ;
- découpage incorrect : « elle et face » pour « elle efface » ;
- à la copie, le texte est émaillé d'erreurs. Le dyslexique est tenté de consulter le texte témoin plus souvent que nécessaire.

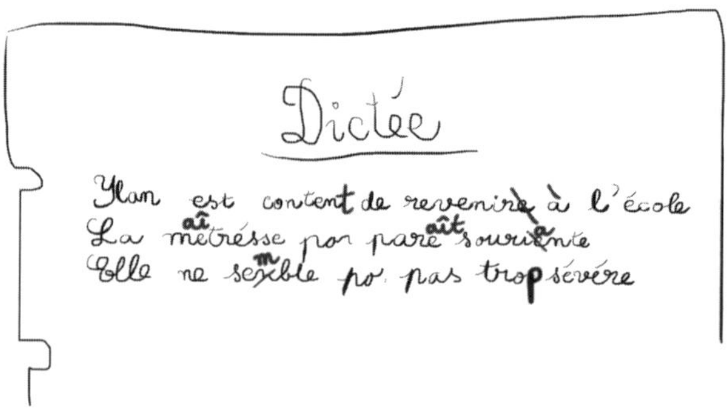

Le dysorthographique écrit souvent mal et difficilement. Le bilan de dysorthographie est fait par un orthophoniste et la rééducation de la dysorthographie est similaire à celle de la dyslexie. Suzanne Borel-Maisonny poursuit : « *Une langue, surtout complexe comme le français s'enseigne. La grammaire n'y suffit point […]. C'est donc des exercices de phraséologie qui leur faudrait faire faire ainsi que d'analyse logique et linguistique.* »

Que faire pour progresser ?

Pour améliorer la relation entre la pensée et la transcription par écrit d'un court texte, commencez par un travail sur la phrase. Il s'agira de construire oralement la ou les phrases à rédiger, l'objectif étant d'améliorer la mémorisation de l'ordre des mots dans la phrase. On pourra répéter en marchant, en chantant, en frappant dans ses mains pour compter les mots… Ensuite procédez à l'écriture de la phrase un mot après l'autre. Reprenez oralement la phrase entière si cela est nécessaire.

Dans un deuxième temps, jouez à « mission impossible ». Vous donnerez à votre enfant une phrase écrite dont les mots sont « *en désordre* ». Il aura pour mission d'écrire les mots dans le bon ordre pour que la phrase soit correctement construite.

Vous conserverez la majuscule du début de phrase et le point final.

cantine.	Je	Tous	la	lundis	à	les	mange

Lui faire écrire un mot par case.

Si cela est trop difficile pour lui en raison de son niveau scolaire (CP, CE1…), jouez avec des images séquentielles qui racontent une histoire. Il devra d'abord les mettre en ordre, construire une phrase par image et éventuellement écrire les phrases qui constitueront un petit texte que vous pourrez lire et relire ensemble.

Départ en vacances

Pour améliorer les connaissances de votre enfant en orthographe, grammaire, vocabulaire, conjugaison dont il aura besoin pour écrire un texte, une copie ou écrire un texte sous la dictée, je vous conseille avant tout de lui expliquer ce qu'est l'orthographe, la grammaire, le vocabulaire et la conjugaison et pourquoi on l'apprend à l'école sous forme d'exercices spécifiques dès la fin du CP ou à partir du CE1. Le plus souvent les enfants ne comprennent pas l'utilité de ces exercices, ils ne savent pas que ces connaissances vont leur être utiles non seulement à l'école pour écrire correctement un texte mais surtout plus tard dans leur vie d'adulte. Il est toujours bon de faire du lien entre le moment d'apprentissage et le futur, même lointain.

À quoi sert l'orthographe ?

L'orthographe, est « *l'ensemble des normes qui règlent la façon d'écrire dans une langue* ». Votre enfant devra apprendre les mots d'emploi fréquents ainsi que les règles d'orthographe afin de les appliquer. Il lui faudra donc respecter un code d'écriture pour ne pas commettre d'erreur en écrivant. Pour ce faire, il faudra les revoir régulièrement.

En pratique

> **Un document mis en ligne sur le site www.PedagoNet.com « Ressources facilitant l'apprentissage » répertorie les mots français les plus usités.**

- Devant *m, b, p*, il faut écrire m au lieu de n on écrit « lampe » et non pas « lanpe », mais il faut retenir aussi trois exceptions « bonbon », « bonbonne » et « bonbonnière ».
- Il faut écrire a (sans accent) lorsqu'il s'agit d'avoir, de posséder quelque chose. Exemple « Maman a un collier » je peux dire « Maman possède un collier », il lui appartient.
- Pour retenir l'orthographe de mots comme « souffler », « frapper », « patte », « colonne »…, soyez imaginatif et inventez avec lui des moyens mnémotechniques qui l'amuseront et qui lui permettront de mémoriser l'orthographe de certains mots. Par exemple, pourquoi deux *f* à souffler ? Pour « souffler », je gonfle mes deux joues, donc j'écris souffler avec deux *f*.

À quoi sert la grammaire ?

La grammaire est « *l'étude systématique des éléments constitutifs d'une langue. La grammaire descriptive qu'on étudie à l'école étudie les règles qui régissent une langue donnée* » particulièrement à l'écrit.

Dans le deuxième chapitre de cet ouvrage, j'ai déjà parlé de la grammaire. Je soulignais en effet que votre enfant allait devoir apprendre ce « vocabulaire spécifique » : phrase, mot, nom commun, nom propre, adjectif qualificatif, verbe, pronom personnel, sujet du verbe… dès le CE1. Dans un premier temps l'idée est de le sensibiliser à la nature des mots.

La nature des mots

- Une phrase est composée de mots :

  « Léandre et Anaë jouent au vélo dans le jardin. »

  Cette phrase est constituée de neuf mots.

- Pour distinguer chacun des mots de la phrase, chaque mot porte un nom comme nous. Nous avons tous un nom de famille.

  Ainsi les deux premiers mots de la phrase « Léandre » et « Anaë » s'appellent « *noms propres* ». Ils commencent tous les deux par une lettre majuscule. Ils désignent ici le prénom de deux personnes différentes.

  Cherchez avec votre enfant d'autres noms propres de personnes, de villes, de pays, de fleuves… en répétant que ce sont des *noms propres* qui à l'écrit commencent avec une lettre majuscule. Vous pourrez aussi chercher des noms propres dans un livre de lecture.

  Le « et » e, t qui relie les deux noms propres s'appelle une « *conjonction* ». Ce mot sert à relier deux noms comme « papa et maman », deux verbes « chanter et danser », deux morceaux d'une même phrase : « Je mange et je range mon assiette. » Ensemble cherchez d'autres exemples en répétant le nom de ce petit mot qui sert à réunir.

  « jouent » est un verbe. Dans une phrase, le verbe nous indique une action. Il dit ce que fait la personne, l'animal ou la chose. Dites-lui qu'il apprendra à écrire, à conjuguer les verbes en faisant des exercices qui s'appellent exercices de conjugaison.

  « jardin » s'écrit sans majuscule. Il s'appelle « *nom commun* » il existe de nombreux noms communs : papa, maman, école, assiette, facteur, éléphant… Vous allez en chercher ensemble puis vous vous amuserez à les classer selon trois catégories : nom commun de personne, nom d'animal, nom commun de chose.

Pourquoi de tels exercices ? J'ai pu observer que, lorsqu'un enfant dyslexique a déjà engrangé (sous forme ludique) quelques notions grammaticales, il a moins de mal à les acquérir le moment venu et cela facilite sa compréhension. Ce constat est d'ailleurs valable pour tous les enfants qu'ils soient ou non en difficulté.

La fonction des mots

Dans un deuxième temps il devra apprendre la fonction des mots dans une phrase.

Voici comment dès le CE1 je présentais à mes jeunes élèves les mots : nature et fonction utilisés en grammaire :

Mme X est une femme, « *femme* » est sa nature. La nature d'un mot ne change pas. Le nom commun « *maison* » sera toujours un nom commun, le verbe « *chanter* » sera toujours un verbe.

Mais Mme X peut faire du ménage (1), bronzer à la plage (2)… Elle peut donc avoir différentes activités, différentes fonctions.

1

2

Comme Mme X, un nom peut avoir lui aussi différentes fonctions selon la place qu'il occupe dans la phrase.

Exemple. Observons le nom commun « *ballon* » dans les deux phrases suivantes :

Pierre lance le *ballon*. (1) Le *ballon* roule sur le sable. (2)

Dans la seconde phrase (2) c'est le ballon qui roule, c'est lui qui fait l'action de rouler. Si je pose la question « Qui roule ? » C'est le ballon. Je dis que « *ballon* » est le sujet du verbe « rouler ».

Dans la première phrase (1) Pierre lance quoi ? le *ballon*. Le nom « *ballon* » est complément du verbe rouler. Il nous indique ce que Pierre a lancé.

À retenir

> **Il s'agit de trouver des moyens mnémotechniques, des petits jeux à mettre en scène qui donnent vie et sens à la grammaire. Nous pouvons en faire de même dans les autres matières.**

Dès le CE1 les enfants doivent être capables de mémoriser comment faire pour trouver « le sujet du verbe » dans une phrase, faute de quoi ils commettront des erreurs d'accord à l'écrit. Pour les aider à maîtriser cette compétence, vous allez la travailler ensemble. Écrivez une phrase simple sur une bande de papier :

« Ma sœur récite une poésie à maman. »

Demandez à votre enfant de la lire pour qu'il se l'approprie puis faites-lui dire ce que raconte cette phrase. Jouez ensuite aux détectives. Partez d'abord à la recherche du verbe de la phrase en lui rappelant que le verbe se conjugue et qu'il exprime « en principe » une action (il peut aussi exprimer un état). Ici l'action est le fait de réciter.

Sur la bande de papier, l'enfant soulignera « récite » en rouge. Nous ne pouvons pas supprimer le verbe car nous ne pouvons pas dire : **Ma sœur une poésie à maman.**

Maintenant, cherchez « le roi de la phrase », c'est lui qui donne des ordres au verbe. Pour trouver le « roi de la phrase » il faut poser la question « Qui récite ? ou Qui est-ce qui récite ? » Le roi de cette phrase est le groupe de mots « ma sœur ». Demandez à votre enfant de dessiner au-dessus d'eux une petite couronne jaune. Le roi de la phrase donne des ordres au verbe qui lui obéit toujours. Nous verrons de quelle façon.

En grammaire le roi de la phrase s'appelle « le sujet du verbe ».

Le vocabulaire

C'est « *l'ensemble des mots, du lexique d'une langue* », donc en vocabulaire l'enfant apprendra des mots nouveaux, des mots d'une même famille, des mots de sens contraire…

À partir d'un mot simple (terre), vous pourrez rechercher ensemble tous les mots de la même famille : terrain, terrier, terrasse, territoire… ou rechercher aussi le synonyme ou le contraire (antonyme) d'un mot : le jour/la nuit – gros/maigre – poli/impoli…

La conjugaison

C'est « *toutes les formes du verbe selon les modes, les voix, les temps et les personnes* ». Avant de se conjuguer à un temps et à une personne, le verbe retire sa terminaison d'infinitif (*er, ir…*) et endosse une terminaison en fonction du temps et de la personne.

D'une façon générale l'enfant dyslexique et/ou dysorthographique a du mal à se repérer dans le temps, il risque donc d'avoir des difficultés en conjugaison. Voici comment lui faire prendre conscience du temps qui passe, des temps de conjugaison :

À partir d'une ligne fléchée représentant le temps qui passe, vous prenez trois repères illustrant le PASSÉ, le PRÉSENT et le FUTUR.

- PASSÉ : Quand j'étais bébé je buvais le biberon, maintenant je ne suis plus un bébé, cette époque est terminée, je ne serai jamais plus un bébé. C'est le temps PASSÉ, c'est fini.

- PRÉSENT : Aujourd'hui j'ai 7 ans, je vais à l'école pour apprendre à écrire et à lire. Je peux dire en ce moment j'ai 7 ans. C'est le temps PRÉSENT. C'est en ce moment.

- FUTUR : Plus tard, quand je serai grand je pourrai piloter un avion. Pour cela, il faudra que beaucoup de temps s'écoule… C'est le temps FUTUR. C'est plus tard.

Affichez dans sa chambre un tableau semblable. Il lui servira de repère. Régulièrement construisez ensemble des phrases au passé, au présent, au futur. Vous pouvez encore construire une phrase où il devra trouver à quel temps l'action se passe et, inversement, il énonce une phrase et vous trouvez le temps : si volontairement vous vous trompez et qu'il vous corrige, c'est gagné ! Insistez sur les petits mots qui souvent introduisent les différentes phrases, pour le passé : hier, la semaine dernière, jadis… Pour le présent : aujourd'hui, maintenant, en ce moment, à présent.

Pour le futur : après-demain, l'année prochaine, plus tard…

À retenir

> **Orthographe, grammaire, vocabulaire et conjugaison sont les outils nécessaires qui permettront à votre enfant d'entrer dans la production de textes et de respecter progressivement les règles de l'écriture. Voici pourquoi il est important de le faire entrer dans l'écrit dès qu'il maîtrise le geste graphique.**

La dyscalculie développementale : trouble du calcul

La dyscalculie développementale est un trouble spécifique sérieux et persistant de l'apprentissage des mathématiques, il se retrouve souvent chez les dyslexiques et les dyspraxiques mais ne se présente pas de la même manière. La dyscalculie ne doit pas être confondue avec des difficultés en mathématiques ou encore avec l'innumérisme qui se manifeste par une absence de maîtrise numérique.

Des études ont établi des similarités de symptômes entre dyslexie et dyscalculie, mais la dyscalculie développementale est moins connue et moins étudiée que la dyslexie.

Comment savoir si votre enfant est dyscalculique ?

Selon Anne Wilson[27] l'enfant présente des difficultés sévères et persistantes en mathématiques selon trois critères correspondant à la définition de la dyscalculie :

1. La présence de difficultés en mathématiques.
2. La spécificité (plus ou moins importante selon les définitions) de ces troubles : c'est une absence de difficultés généralisées à plusieurs autres domaines académiques.
3. La supposition que ces troubles sont causés d'une manière ou d'une autre par une dysfonction cérébrale.

Tout comme pour la dyslexie, l'origine biologique de la dyscalculie n'implique pas qu'elle soit irréversible. Nous avons vu que les activités de rééducation chez le dyslexique et le dysorthographique sont très encourageantes. L'idée est donc de déceler et de rééduquer le plus tôt possible l'enfant à risque de dyscalculie pour permettre de développer rapidement en lui tout ce qui a un lien avec le nombre, le chiffre, la logique mathématique, le calcul.

Un bilan doit être fait par un orthophoniste spécialisé en rééducation logico-mathématique le plus souvent formé par le GEPALM (Groupe d'Étude sur la Psychologie des Activités Logico-Mathématiques).

Les techniques de rééducation s'appuient sur le raisonnement et sur du réel. Le rééducateur va faire manipuler l'enfant en travaillant sur des quantités concrètes associées aux nombres.

En maternelle, la mise à jour du calendrier, l'appel, le nombre d'enfants qui déjeunent à l'école, ceux qui restent à la garderie, la distribution du matériel, sont autant d'occasions de développer la connaissance sur la suite des nombres.

Que penser de l'utilisation des doigts pour compter ?

En CP ou en CE1, certains enseignants l'interdisent. Voici ce qu'affirment les chercheurs : *« Les doigts permettent une certaine abstraction : ils peuvent représenter aussi bien des objets que des personnes que des événements. Ils permettent d'établir une analogie entre ce qu'ils représentent et les quantités. Enfin ils servent à manifester ces quantités, ce qui prélude à la compréhension des opérations mathématiques. »* Ne l'oublions pas et permettons à l'enfant de compter sur ses doigts !

Les nombres sont essentiels dans les apprentissages et notamment dans le cadre de la résolution de problèmes. L'enfant doit savoir écrire, nommer, comparer et ranger les nombres pour résoudre des problèmes.

Pour être efficaces, rappelons que les interventions doivent se mettre en place assez tôt au cours du développement de l'enfant à travers des situations mathématiques ludiques et concrètes favorisant la manipulation de matériel : jetons, cartes, allumettes, dominos, cubes, réglettes, chiffres en plastique…

De la comptine numérique au dénombrement

La comptine numérique (1, 2, 3, 4, 5, 6, 7, 8, 9, 10, 11, 12…) est souvent enseignée pour elle-même. Elle est acquise par apprentissage, l'enfant la récite « par cœur ». Mais, parallèlement, il faut l'entraîner à dénombrer des quantités, afin qu'il accède au « dénombrement ». Il va comprendre qu'en organisant son geste pour associer chaque objet pointé à chaque mot-nombre prononcé, le dernier nombre oralisé évaluera la quantité.

Il y a 4 étoiles

À partir de 4 ans, si votre enfant a du mal à dénombrer, amusez-vous à lui faire compter divers objets dans son entourage familier. Combien a-t-il de petites voitures parmi tous ses jouets, de peluches, de petits livres dans sa bibliothèque, de lettres dans l'alphabet affiché dans sa chambre… Montrez lui aussi que pour remplir un chèque vous devez écrire un nombre en chiffres et en lettres et que c'est ce qu'il devra faire plus tard… donc il faut qu'il s'y prépare !

Proposez-lui de temps en temps de vous aider à mettre le couvert. Bref, à vous d'exploiter toutes les situations qui s'y prêtent.

La numération décimale : une numération de position

Dès le CP, il faut aider l'enfant à risque. Il faut comprendre que dans la suite des nombres, il va passer d'un comptage de 1 en 1 à un comptage de 10 en 10. Il faut comprendre la signification des chiffres en fonction de leur position dans l'espace donc dans l'écriture du nombre.

Prenons le chiffre 1 :

- 1, il est seul, il représente une unité dans la classe des « unités simples ».
- 19, 1 représente une dizaine dans la classe des « unités simples ».
- 15 607, 1 représente une dizaine dans la classe des « mille ».

Pour cela, faites-le travailler sur les groupements par 10. Commencez par la maîtrise de la comptine de 10 en 10 : 10, 20, 30, 40, 50, 60, 70, 80, 90 en mémorisant dès que possible l'écriture d'abord en chiffres puis aussi le mot-nombre (cinquante, soixante-dix…). Vous pouvez mettre en place un jeu avec des étiquettes portant les nombres de 10 à 90 (10, 20, 30, 40…), des étiquettes avec des étoiles (ou autres motifs) de 10 étoiles à 90 étoiles regroupées par 10 et les nombres écrits en lettres. L'enfant devra associer les trois représentations d'un même nombre. Construisez ensemble un tableau de nombres jusqu'à 90 et/ou une bande numérique sur un ruban de papier. Elle lui permettra de lire les nombres par ordre croissant ou décroissant, de se repérer dans une file numérique, de compter de 10 en 10 à partir de 0 : 0, 10, 20, 30, 40… ou de 4 : 4, 14, 24, 34, 44…

0	1	2	3	4	5	6	7	8	9

10	11	12	13	14	15	16	17	18	19

Vous pourrez choisir une couleur pour le chiffre des unités et une autre pour le chiffre des dizaines. Cette activité met en évidence l'algorithme qui régit l'écriture des nombres.

Pour exercer votre enfant à la maîtrise de la numération, vous pourrez varier les activités : utiliser les pions nombres d'un jeu de loto pour lire les nombres, ranger les nombres du plus grand au plus petit et inversement, faire des dictées de nombres, chercher tous les nombres commençant par 4 dizaines, 8 dizaines... Prenez du temps pour lui apprendre le nom des nombres car l'enfant dyscalculique a du mal à les mémoriser et surtout à différencier 60 et 70, 80 et 90. Il a besoin de moyens mnémotechniques.

Il faudra aussi initier votre enfant à la différence entre deux concepts, celui de chiffre et de nombre. Dans 245 le chiffre des unités est 5 mais dans 245 il y a 245 unités. Le chiffre des dizaines est 4 mais dans 245 il y a 24 dizaines. Le chiffre des centaines est 2 et il y a 2 centaines dans 245.

Les enfants ont souvent du mal à comprendre que si j'ai 12 gâteaux, 12 c'est 12 unités sachant que dans ce cas l'unité est 1 gâteau. Ils confondent le chiffre des unités et le nombre d'unités. Je reconnais que le plus souvent l'école survole ces notions-là ! Il doit aussi savoir que les chiffres sont : 0, 1, 2, 3, 4, 5, 6, 7, 8, 9. Il y a dix chiffres et ces dix chiffres nous permettent d'écrire tous les nombres.

La résolution de problèmes

À l'école élémentaire comme au collège, la résolution de problèmes est placée au centre de l'activité mathématique des élèves. Un problème est « un prétexte » à construire des connaissances et à les utiliser.

Comment aider notre enfant à se familiariser et à sortir de cette appréhension qui le conduit à l'échec ?

Qu'est-ce qu'un problème ?

Définition donnée par Jean Brun, chercheur à l'IRDP de Neuchâtel : « Un problème est généralement défini comme une situation initiale avec un but à atteindre, demandant à un sujet d'élaborer une suite d'actions ou d'opérations pour atteindre ce but. Il n'y a problème que dans un rapport sujet/situation, où la solution n'est pas disponible d'emblée mais possible à construire. »

« À la fin de l'école maternelle, les problèmes constituent une première entrée dans l'univers du calcul mais c'est le cours préparatoire qui installera le symbolisme (signes des opérations, signe "égal") et les techniques. »

Instructions Officielles de 2008.

Quels sont les différents types de problèmes ?

- Les problèmes visant à construire des connaissances placées en début d'apprentissage.
- Les problèmes d'application ou de réinvestissement. Exemple d'un problème d'évaluation à l'entrée en 6e (attention au

« cinq » écrit en lettres et utile pour les calculs. Le problème est une reprise de techniques opératoires connues) :

« Emma a un paquet de bonbons. Elle donne 8 bonbons à chacun de ses cinq camarades. Il lui en reste 3. Combien y avait-il de bonbons dans le paquet ? »

- Les problèmes pour chercher. L'énoncé est court, situé dans un domaine familier aux élèves. Les élèves doivent élaborer eux-mêmes une solution, émettre des hypothèses, les tester et élaborer une solution originale. Exemple d'un problème pour les CE1 :

  « J'ouvre mon livre. En ajoutant les numéros des 2 pages que je vois, je trouve 17. Quels sont les 2 numéros que je vois ? »

Quels sont les obstacles liés à l'énoncé ?

- La lecture : difficulté de décodage. Nous pouvons lui lire l'énoncé.
- La compréhension : faire reformuler ce qui vient d'être lu pour s'assurer de la compréhension langagière, se représenter la situation (surligner les informations importantes, faire un dessin, un schéma…).
- Se recentrer sur la question en lui lisant en premier.
- La mémorisation de l'énoncé et des données numériques : s'en faire une image mentale, c'est-à-dire comprendre la situation et l'énoncé lui-même. Pouvoir faire un dessin, un schéma pour le représenter.

Quels sont les obstacles liés à la résolution ?

La résolution d'un problème est une activité cognitive complexe qui met en œuvre toutes les opérations de la pensée. Elle nécessite particulièrement l'activation de stratégies de résolution (effort de recherche, d'hypothèse, d'analyse…) et l'exécution de procédures. La maîtrise ou non de compétences mathématiques conditionne le choix de la procédure et l'élaboration de la stratégie de résolution.

Pour aider l'enfant, il faut prendre du temps pour lire ensemble des énoncés de problèmes pour le familiariser avec ce type de texte et pour développer la compréhension en le questionnant : Quelle est la situation ? De quoi s'agit-il ? Que se passe-t-il ? Quelle est la question posée ? Quel(s) calcul(s) penses-tu effectuer pour trouver la solution ?

Ensuite, vous pouvez représenter la situation par un dessin, un schéma, utiliser de petits objets pour matérialiser les éléments dont il est question.

Pour que l'enfant comprenne la situation et trouve la procédure de résolution, il faut la lui faire vivre. Est-ce une situation additive ? soustractive ? multiplicative ? ou de partage ? Dès la grande section ou le CP, il faut que l'enfant soit confronté à ces quatre situations de façon à se les approprier. Il n'est pas nécessaire de connaître les tables de multiplication, l'enfant est parfaitement capable, à partir d'un dessin ou de manipulations d'objets, de trouver un résultat dans une situation multiplicative ou de partage.

Pour aller plus loin

N'hésitez pas à vous rendre sur le site suivant pour d'autres informations.

Site : handiressources.free.fr/dyscalculie.ppt

La dyspraxie : trouble méconnu

C'est en 1964 avec Julian de Ajariaguerra et Mira Stamback que le terme de « dyspraxie » est apparu. Ce mot vient du préfixe grec *dys* qui exprime l'idée de difficulté ou de manque et du mot grec *praxie* qui signifie « action », « mouvement ». Aujourd'hui, ce trouble est encore peu connu en France et mal étudié. Il n'y a aucune formation sur les troubles d'apprentissage dans le cursus des médecins et, même si l'on observe quelques progrès depuis quatre ou cinq ans, « *il y a trop de cas et pas assez de spécialistes* », regrette le docteur Alain Pouhet, spécialisé dans le domaine des « dys ».

La dyspraxie est un dysfonctionnement neuropsychologique qui touche environ 5 à 7 % des enfants de 5 à 11 ans selon le Haut Comité de santé publique, bien qu'à ce jour, tous les enfants sont loin d'être repérés.

C'est l'ADAPT (Association pour l'insertion sociale et professionnelle des personnes handicapées) créée en 1929 par Suzanne Fouché qui fut la première à militer en faveur d'une meilleure prise en compte de la dyspraxie. En 2003 l'association « Dyspraxique mais fantastique » voit le jour et en 2011 « Dyspraxie France Dys » est créée. Comme toutes les associations en faveur des « dys », elles ont pour objectifs de rassembler, d'informer, d'aider et d'alerter les pouvoirs publics en particulier de l'Éducation nationale et de la santé. Qu'est-ce que la dyspraxie ? En quoi se différencie-t-elle d'un « retard » moteur ?

La commande de tous les mouvements volontaires de notre corps provient de notre cerveau. Tendre le bras, saisir un objet, écrire, courir, fermer une porte à clé, toutes ces actions sollicitent l'intervention de nombreux muscles. Les commandes motrices des muscles qui permettent les mouvements se mettent en place très précocément. En revanche, tous les gestes finalisés précédemment cités sont le fruit d'un long apprentissage. À force d'entraînement, ces gestes complexes et coordonnés vont se préprogrammer dans notre cerveau ; c'est le cas lorsqu'on apprend un instrument de musique. Il s'ensuivra que, sur une simple évocation mentale du geste, nous serons capables de le réaliser. Dans le cas d'une dyspraxie, les « praxies », c'est-à-dire les fonctions cognitives permettant la gestion de tous les gestes volontaires, étant altérées, les gestes ne peuvent pas se faire de façon automatique. Selon l'UNESCO, la dyspraxie est le syndrome de la discordance entre l'acte voulu et l'acte réalisé. À l'image de la dyslexie, c'est une pathologie spécifique de l'apprentissage qui touche des enfants d'intelligence normale, sans autres troubles particuliers. Elle entraîne des difficultés dès l'école maternelle et peut se surajouter à la dyslexie, à la dysorthographie, à la dyscalculie. Bien qu'il existe de nombreuses formes de dyspraxie, nous ne parlerons ici que de celle qui affecte la motricité fine de l'enfant, celle qui affecte les apprentissages.

Dans de nombreux domaines, la dyspraxie entraîne des difficultés du « comment faire » : les soins personnels, le rangement, les apprentissages scolaires, les loisirs ; le comportement de l'enfant dyspraxique est remarquable dès la petite enfance. À l'école maternelle, les difficultés de coordination se manifestent dès les premiers apprentissages : découpage, collage, dessin, coloriage, puzzle, éducation physique, graphisme, mathématiques (comptage). Les exercices de motricité fine qui tiennent une place majeure en maternelle sont un véritable calvaire pour ces enfants.

Un diagnostic précoce est nécessaire. Ce peut être un bilan psychologique, pas toujours facile à interpréter, ou un bilan pluridisciplinaire (orthophoniste, neuropsychologue, psychomotricien, ergothérapeute, ophtalmologiste en fonction des symptômes de l'enfant) ou encore un bilan de type neuropsychologique s'appuyant sur les images de certaines structures du cerveau par IRM. Il doit être effectué entre 3 et 6 ans afin de mettre en place le plus rapidement possible les adaptations nécessaires dans le but d'éviter un maintien en maternelle. Une fois le diagnostic posé, une rééducation sera assurée par un ergothérapeute, professionnel tout désigné pour aider l'enfant dyspraxique.

Comment aider ces enfants intelligents qui souffrent de leurs échecs ?

Le diagnostic vous permettra d'expliquer à l'enfant ce qu'est la dyspraxie ; il doit savoir qu'il est aussi intelligent que les autres enfants de son âge mais que son cerveau, « *boîte noire de son ordinateur* », fonctionne différemment de celle des autres et que, de ce fait, il a du mal à réussir dans certaines activités. C'est pour cela qu'il doit être aidé.

Les élèves atteints de dyspraxie ont un retard graphique, des difficultés en lecture liées à un problème de stratégie du regard, en repérage sur une feuille, un tableau et dans certaines activités en arithmétique et en géométrie.

- En lecture, il est possible de lire à leur place, de leur proposer des cassettes livres, des livres sur ordinateur.
- En écriture, il est préférable de privilégier l'écriture du clavier. Pour ceux qui arrivent à écrire, il faut avoir conscience que l'enfant a des difficultés en écriture à cause de son problème praxique. Il ne faut pas le faire copier à partir de modèles mais guider sa main quand il écrit pour qu'il sente le geste, qu'il apprenne les tracés à l'aide de sa mémoire kinesthésique. « *En imposant l'écriture manuelle, on impose de fait la double tâche et l'on aggrave la fatigue, la lenteur, on organise le déficit d'apprentissage*[28]. »

Les difficultés en orthographe sont liées au fait que l'enfant est absorbé par le dessin laborieux de chaque lettre. Il ne comprend pas ce qu'il écrit, n'entend pas ce que l'enseignant dit pendant qu'il écrit et ne peut pas prêter attention à l'orthographe. En le mettant systématiquement en double tâche, l'écriture manuelle conduit intellectuellement l'enfant vers l'échec scolaire. C'est en cela que cette forme de dysorthographie est différente de celle du dyslexique. L'utilisation d'un ordinateur portable est essentielle pour un enfant dyspraxique. Elle permet de pallier les problèmes d'écriture. L'ordinateur, les logiciels spécialisés sont au cœur du dispositif d'aide et interviennent en complément de la rééducation dès l'entrée à l'école élémentaire, l'ordinateur sera bientôt remplacé par la tablette numérique moins encombrante et plus discrète. « *Pour utiliser des outils de compensation on a besoin de trois choses : des outils, un environnement qui les accepte et des ergothérapeutes pour apprendre au jeune à les utiliser*[29] », écrit le docteur Alain Pouhet.

Mon expérience

Pour l'avoir vécu avec une jeune élève surdouée et dyspraxique, je rappelle que la coopération étroite entre l'équipe pédagogique, les intervenants médicaux et paramédicaux et vous parents est indispensable à la mise en œuvre d'aménagements pédagogiques spécifiques, de moyens de compensation (PAI, PPS, AVS, Tiers temps supplémentaire, ordinateur...).

Au collège, de nouveaux problèmes vont s'ajouter à ceux précédemment cités, la reconnaissance du handicap de l'enfant pourra apporter des solutions efficaces.

La dysphasie de développement

C'est un trouble rare, à savoir la marque de difficultés dans la mise en place du langage.

Le mot « dysphasie » vient du grec *dys*, privatif et *phasis* qui signifie « parole » et « aspects successifs d'un phonème ».

Par définition, le langage est « *la capacité propre à l'humain qui consiste à communiquer avec des signes vocaux ou écrits* ». Quant à la parole, elle est « *la réalisation physique de la langue parlée par la production de sons articulés laryngiens* ».

La dysphasie n'est pas un retard intellectuel ; les enfants dysphasiques ont des fonctions intellectuelles tout à fait normales. La dysphasie est un désordre langagier durable, en lien avec les structures cérébrales ; ce trouble est identifié depuis peu et nous avons peu d'informations le concernant.

Les troubles du langage de l'enfant font l'objet de différentes hypothèses étiologiques (génétique, neurologique, psychoaffective ou cognitive). Plus haut (p. 42), nous avons pu mettre en évidence toute l'importance du développement du langage chez l'enfant de la période préverbale jusqu'à la maîtrise du langage oral et écrit. En marge du développement normal, peuvent se produire de simples retards qui constituent par définition de simples décalages chronologiques. Comme dans tous les autres troubles d'apprentissage que nous avons explicités, nous n'insisterons jamais assez sur l'intérêt d'un diagnostic précoce. La vigilance des parents permet de repérer très tôt les signes d'une dysphasie. Si l'enfant « *parle en phrases courtes et maladroites, en style "télégraphique" omettant les pronoms, les propositions, les petits mots, utilisant les verbes à l'infinitif comme des substantifs* », il convient de consulter sur prescription médicale un spécialiste du langage : l'orthophoniste.

La frontière entre le retard simple de langage et la dysphasie avant l'âge de 6 ans est loin d'être nette. Cependant, lorsque les difficultés persistent au-delà de cet âge, les présomptions de dysphasie risquent d'être le plus souvent confirmées. Après un bilan de langage et selon le diagnostic établi, l'enfant nécessitera une prise en charge orthophonique. L'orthophoniste mettra en place « *une action dans le domaine de la communication et une action spécifique sur les apprentissages qui permettent de désamorcer cette dynamique développementale de déviance* ».

Le dysphasique rencontre des difficultés pour apprendre à lire et à écrire ainsi que dans le domaine des mathématiques. Lecture et écriture constitueront l'axe de rééducation. Comme nous l'avions mentionné pour la rééducation de la dyslexie, il faudra lier à l'intérieur de la même rééducation l'apprentissage de l'oral et l'apprentissage de l'écrit.

Comment va se dérouler cette rééducation ? Voici un résumé des différentes étapes.

- **Entre 3 et 4 ans.** C'est la période qui suit le diagnostic. La rééducation orale visera à réorienter l'enfant vers un système de communication conventionnelle.
- **De 4 à 6 ans.** C'est la phase majeure de l'évaluation du trouble oral de la dysphasie. L'acquis d'une structure syntaxique de base sera donc l'axe principal de cette phase. Il faudra en même temps préparer l'enfant à l'écrit. L'utilisation de l'écriture est une façon de contribuer à la construction du langage oral. Nous retrouvons comme pour la dyslexie l'importance de l'acquisition de l'écrit. L'écriture est un des objectifs principaux de la rééducation, elle en est aussi l'un des outils.
- **Entre 6 et 9 ans.** À ce stade, en principe, l'enfant a acquis un langage propositionnel avec la reconnaissance et le développement de la morphologie grammaticale (genre, nombre, temps verbal…).
- **Après 9 ans.** L'enfant a déjà cinq à six années de rééducation derrière lui. Il a un langage intelligible même s'il reste simple.

Arrivés au terme de ce descriptif de différents troubles spécifiques d'apprentissage (ou troubles cognitifs), de nombreuses questions se posent à nous :

- Comment aider ces enfants intelligents qui souffrent de leur échec ?
- Quelle stratégie adopter dans le cas de trouble sévère ?
- Comment éviter leur exclusion si leurs difficultés deviennent trop importantes ?

- Vont-ils pouvoir être maintenus dans le système scolaire ?
- Faut-il faire ou ne pas faire reconnaître administrativement le handicap cognitif de son enfant ?

Certains parents craignent la stigmatisation, l'assistanat de leur enfant.

« Il va être fiché ! » disent-ils. Il est vrai que le mot « handicap » a une forte connotation, il nous renvoie des représentations mentales d'inadaptation, d'anomalie et même d'infirmité. Le handicap cognitif étant un handicap invisible, c'est sa reconnaissance qui va permettre l'analyse des besoins de l'enfant. Cette reconnaissance est déterminante pour amorcer dans les meilleures conditions une scolarité (PPS, aménagement de la scolarité, rééducation sur le temps scolaire…).

Ariel Conte, vice-président de Droit au Savoir, disait dans une interview[30] : « *Pour ceux qui ont un handicap lourd, les aménagements doivent correspondre à la complexité de leurs troubles. En attendant que notre société évolue, les familles n'ont pas d'autres choix que de passer par ces voies légales pour obliger le système éducatif à s'adapter aux besoins de leur enfant.* » Il est vrai que la reconnaissance du handicap relève majoritairement de l'initiative des parents. Il faut concevoir le handicap cognitif comme étant un problème, caractérisé par une anomalie et pour faire face à ce problème, un traitement personnalisé, individuel organisé autour de l'enfant est indispensable. Nous allons donc traiter ce sujet dans les deux chapitres qui vont suivre. Nous évoquerons d'abord les dispositifs et les aides en milieu scolaire sans reconnaissance officielle de handicap lorsque cela reste possible et bénéfique pour l'enfant ; et dans le chapitre suivant nous détaillerons la procédure permettant de faire reconnaître le handicap d'un enfant présentant un trouble spécifique sévère d'apprentissage qui risque de compromettre son avenir.

CHAPITRE 5

L'ENFANT DYSLEXIQUE EN MILIEU SCOLAIRE ORDINAIRE

Au programme

- **L'établissement scolaire au cœur du dépistage**
- **Le rapport Ringard et ses suites**
- **Les types d'aides à mettre en place en classe ordinaire**
- **L'équipe éducative : des efforts conjugués**

La première condition à la réussite scolaire d'un enfant dyslexique commence par l'établissement du diagnostic et la reconnaissance de son « *handicap cognitif* ». Selon la FFDys (Fédération française des dyslexiques), « *l'école doit être au cœur du dispositif de repérage de l'enfant dyslexique, préalable au diagnostic* ». Tous les parents concernés doivent savoir que l'enfant dyslexique scolarisé en milieu ordinaire (école primaire, collège, lycée) a droit à des aménagements, et que les adaptations pédagogiques doivent tenir compte des difficultés présentées par l'enfant au cours de ses apprentissages ; aménagements et adaptations prévus par la loi sont absolument nécessaires mais pas toujours mis en place. Soyez donc vigilants.

En nous basant sur les propositions faites par les différents textes officiels, les parents sont en droit de demander à l'établissement scolaire la mise en place d'une prise en charge en faveur de leur enfant dyslexique. Que se passe-t-il réellement sur le terrain ? Quelles procédures faut-il adopter ? Que propose l'établissement ? Quelle peut être la demande des parents ? Quel est le rôle de l'école ? Quel est le rôle des parents ?

Face à un déficit cognitif, à un trouble du langage, dès la maternelle, l'établissement scolaire doit alerter la famille. Mais il arrive aussi que la famille prenne contact avec l'établissement pour lui faire part des difficultés spécifiques observées chez son enfant ; elle exprime ses observations, ses craintes et ses attentes.

L'établissement scolaire au cœur du dépistage

C'est à l'école élémentaire que se mettent en place les mécanismes centraux de l'acquisition de la lecture et de l'écriture dont nous avons longuement parlé. C'est le plus souvent à ce moment-là que, face aux difficultés rencontrées par un élève, l'enseignant et le directeur ou le chef d'établissement scolaire se concertent, convoquent la famille pour lui faire part de leurs observations et de leurs inquiétudes. Le directeur invite les parents à participer à une réunion appelée « équipe éducative ». C'est une réunion placée sous son autorité en présence du représentant légal de l'enfant, de l'enseignant, de l'enseignant spécialisé du RASED (quand il y en a un dans le secteur), du médecin scolaire et du psychologue scolaire, de l'infirmier lorsque cela est possible.

Ce partenariat va permettre d'organiser la scolarité de l'enfant en mettant en place un projet cohérent. Il sera demandé à la famille de faire faire un bilan par un orthophoniste ou un centre référent. À l'appui de ce bilan et du diagnostic, les besoins spécifiques de l'enfant doivent être pris en considération en classe ; des aides individuelles spécifiques doivent être mises en place. Ainsi l'enfant sera pris en charge dans sa globalité. L'équipe éducative se réunira au moins une fois par an pour faire le point sur l'évolution de la situation de l'élève.

À savoir

Si l'école ne réagit pas, les parents doivent prendre contact avec le chef d'établissement pour l'informer des capacités et des difficultés précises et observables rencontrées par leur enfant au cours de son évolution. Il arrive que l'enfant ait un suivi extérieur (orthophonie, psychomotricité, psychologue...) sans que l'école en soit informée. Lors de l'entretien organisé à leur demande, les parents font part des difficultés de l'enfant, de ce qu'ils ont mis en place, de leurs attentes pour une meilleure prise en charge au sein de l'établissement. Les parents dans cette situation sont appelés « négociateurs ».

S'ils peuvent présenter un bilan, ils gagneront du temps pour que soit prise rapidement en compte leur demande. Sinon ils s'engageront à fournir le ou les résultats des examens le plus vite possible.

Il faut savoir que la demande des parents n'est pas une faveur mais un droit. Les parents peuvent solliciter la réunion d'une équipe éducative.

Le partenariat entre toutes les parties est nécessaire et efficace. Une intégration individuelle réussie n'est pas une simple juxtaposition de l'éducation et des soins. Ils doivent au contraire être coordonnés autour d'un projet solide. Les parents sont partie prenante lors de l'élaboration d'un projet de réussite pour leur enfant. Pour pouvoir négocier les propositions d'aménagements éventuels et les prises en charge spécifiques, ils doivent connaître l'existence et le contenu des textes de loi qui vont suivre. Ces nouveaux textes ont heureusement permis de faire évoluer la prise en charge des enfants ayant un trouble spécifique du langage oral ou écrit, les enfants ayant une « dyslexie ».

En 1999, le ministre de l'Éducation nationale a confié à Jean-Charles Ringard, inspecteur général, une mission sur la prise en charge des élèves souffrant de troubles graves du langage.

En 2002, ce dernier a établi un état des lieux qui a été suivi d'un plan d'action. Il a permis de mettre en place des prises en charge pour les enfants en difficulté avec le projet de création de CLIS et d'UPI spécifiques.

Voici un bref rappel de ce rapport ainsi que du plan d'action qui a suivi.

Le rapport Ringard et ses suites

Le rapport Ringard a préparé la circulaire du 21 janvier 2002 relative au « *plan d'action pour les enfants atteints d'un trouble spécifique du langage oral ou écrit* ». Dans sa présentation nous pouvons lire :

« *Face au langage écrit et/ou oral, ces enfants (dysphasiques et dyslexiques) souffrent d'un véritable handicap, qui doit être reconnu et pris en compte comme tel. Il appartient donc aux responsables de l'Éducation nationale et de la santé de mettre en place des formes de prises en charge adaptées. Ces prises en charge devraient reposer sur le partenariat… elles peuvent prendre différentes formes selon la gravité du handicap. On peut envisager soit des intégrations individuelles en classe ordinaire avec le suivi d'un service de soin (S.E.S.S.A.D…) ou de professionnels libéraux (orthophonistes…). Dans les cas les plus sévères, la création de classe (C.L.I.S) ou d'unités pédagogiques spécialisées (U.P.I) devenues unités localisées pour l'inclusion scolaire (U.L.I.S) pour "troubles langagiers" ou "troubles du langage" est à envisager.* »

Le plan d'action pour les enfants atteints de troubles spécifiques du langage

Ce plan d'action a pour objectif de proposer des solutions permettant de répondre aux besoins des enfants, des familles et des professionnels de la santé et de l'éducation. Les préconisations du plan d'action ont été reprises dans la circulaire du 31 janvier 2002.

Parmi les actions préconisées qui devaient se traduire concrètement au niveau des départements se trouvait le développement de CLIS et UPI (devenue depuis ULIS) structurées autour d'un projet précis et le développement en milieu scolaire ordinaire. Il était également envisagé de réévaluer la place et les missions des dispositifs médicosociaux et sanitaires en redéfinissant leur rôle. Il s'agit essentiellement des CAMSP pour le dépistage de la prise en charge précoce, et des CMPP pour des soins de rééducation en consultations ambulatoires...

La mise en œuvre des mesures pédagogiques et médicales de ce plan devaient permettre de repérer, de diagnostiquer et d'élaborer une prise en charge adaptée.

La loi du 11 février 2005

« *Préparée avec l'ensemble du monde associatif, la loi du 11 février 2005 a pour ambition de reconnaître la citoyenneté de tous. En proclamant l'égalité des droits et des chances de toute personne handicapée, la loi protège l'ensemble de la société contre l'intolérance, le refus de la différence et le rejet de l'Autre. Cette loi engage la République. Le droit à compensation du handicap doit être l'instrument de l'égalité des chances.* »

La loi dresse la liste des champs sur lesquels peut porter la perturbation. Ce sont les fonctions suivantes : physiques, sensorielles, mentales, cognitives, psychiques et polyhandicaps. Il est important de noter ici que « *le handicap cognitif* » dont souffrent les dyslexiques est inscrit en cinquième position dans le texte de cette loi.

Pour aller plus loin

> Consultez le site : www.pedagogie04.ac-aix-marseille.fr/

Il est vrai que le terme de « handicap » est douloureux à accepter par certaines familles d'enfant dyslexique qui ont de ce fait des difficultés à saisir la MDPH (Maison des Personnes Handicapées) (cf. p. 111 et suivantes).

Les types d'aides à mettre en place en classe ordinaire

Voici quelques recommandations issues du bulletin d'APEDYS (octobre 2000), intitulé « *L'élève dyslexique dans le primaire et au collège* », ayant permis de rédiger une charte en faveur d'élèves dyslexiques scolarisés en classe ordinaire.

- Le maître et/ou l'élève explique à la classe ce qu'est la dyslexie.
- Privilégier l'oral. Favoriser la verbalisation de l'élève.
- Ne pas donner plusieurs informations en même temps.
- Lire et reformuler les consignes à l'oral.
- Éviter de faire lire l'enfant dys à voix haute.
- Présenter le plan du cours.
- Présenter une notion sous des formes variées.
- Varier les supports : « exercices à trous », utilisation de l'ordinateur et de logiciels, du magnétophone…
- Simplifier les règles de grammaire et utiliser un code couleur (le même dans chaque classe).
- Donner des documents aérés.
- Éviter la copie longue et l'écriture d'une leçon sous la dictée.
- Prévoir des textes photocopiés à gros caractères (corps 18) et à mots espacés (si possible) qui facilitent la lecture.
- Écrire au tableau les devoirs et les leçons.

- Pour l'évaluation, donner si possible un temps supplémentaire à l'enfant dys ou réduire le travail écrit.
- Ne pas sanctionner les fautes d'orthographe ou de syntaxe dans les matières autres que les tests de dictée.
- Pour l'apprentissage des leçons, lui apprendre à faire des plans de cours dès le CE2, lui permettre de surligner d'encadrer ou d'annoter sur son cahier (même chose pour les poésies).
- Surveiller la prise des devoirs et le matériel à emporter dans le cartable (avec l'aide d'un élève).
- Partager ou fractionner les tâches…
- Donner peu de travail à réaliser à la maison.
- En classe, donner des repères dans l'espace : « droite » et « gauche » seront affichées de part et d'autre du tableau, demander des protège-cahiers de couleur avec une couleur par matière (la même à chaque niveau de classe), coller un sommaire sur chaque cahier, numéroter les pages…
- Donner des repères dans le temps : emploi du temps collectif de la classe bien en vue, un individuel peut être fixé sur le bureau de l'élève, pendule, calendrier, le tout servant de référence régulièrement dans la journée.
- Annoncer et écrire le programme de la journée au tableau en cochant au fur et à mesure ce que l'on a fait. Faire le bilan des activités à la fin de la journée.

Mon expérience

Certains établissements et particulièrement celui dans lequel j'ai terminé ma carrière à Toulon se sont investis dans l'aide à apporter aux enfants ayant un handicap cognitif. L'investissement de l'équipe pédagogique à l'initiative du chef d'établissement s'est d'abord concrétisé par la rédaction d'une *« charte »* en faveur des élèves dyslexiques en primaire puis au collège et ensuite pour les enfants présentant des troubles éducatifs particuliers (BEP).

La charte s'articule sur deux points fondamentaux : la relation et la pédagogie. Elle est présentée aux familles et mise en application dans chaque classe selon les besoins des enfants accueillis. J'ai pu constater qu'une relation de confiance s'établissait ainsi entre l'équipe pédagogique et la famille.

L'équipe éducative[31] : des efforts conjugués

Composition de l'équipe éducative

- le directeur d'école ou le chef d'établissement ;
- l'équipe pédagogique concernée par l'enfant (enseignants, intervenants, surveillants) ;
- les parents ou le responsable légal ;
- les membres du RASED.

Éventuellement :

- le médecin scolaire ;
- l'infirmière scolaire ;
- les personnels médicaux ou paramédicaux prenant en charge l'enfant et quelquefois l'enseignant référent attaché à la MDPH.

Rôle de l'équipe éducative

L'équipe éducative réunie a pour missions :

- de comprendre les difficultés de l'enfant à l'école ;
- d'identifier ses besoins mais aussi ses acquis ;
- de définir des objectifs en réponse à ses besoins ;
- de fixer des échéances et des modalités de régulation du projet ;
- de trouver dans l'établissement une solution pour l'aider dans sa scolarité (prise en charge en RASED s'il y en a), élaboration d'un projet pédagogique de soutien PPRE, proposer aux familles la mise en place de prises en charge (orthophonie, CMPP…) ;
- d'élaborer un projet d'accueil individualisé (PAI) pour une intégration scolaire si nécessaire ;
- d'envisager éventuellement la mise en œuvre des moyens relevant de la MDPH.

Fonctionnement de l'équipe éducative

Le directeur énonce l'objectif de l'équipe éducative : la recherche d'une solution pour aider l'enfant en difficulté. Un tour de table permet à chacun de se présenter et d'exposer sa perception des difficultés et des atouts de l'enfant. Le directeur qui anime cette séance reformule la position de chaque membre, en fait une synthèse puis un compte rendu écrit. En conclusion, il est proposé une solution en cohérence avec les différentes interventions. L'élaboration concrète d'une solution est donc proposée sous ses différents aspects. Elle permettra d'améliorer considérablement la situation de l'enfant concerné qui va se sentir compris et aidé.

Le PPRE, le PAI, le PPS

En fonction du degré de difficulté de l'enfant, la mise en place de dispositifs spécifiques sera proposée à la famille.

Quels sont ces différents dispositifs ?

- le Programme Personnalisé de Réussite Éducative : PPRE.
- le Projet d'Accueil Individualisé : PAI.
- le Projet Personnalisé de Scolarité : PPS.

Le Programme Personnalisé de Réussite Éducative : le PPRE[32]

« *Le PPRE est un programme constitué d'une action spécifique d'aide et, le cas échéant, d'un ensemble d'autres aides coordonnées. Il est destiné aux élèves qui éprouvent des difficultés dans l'acquisition du socle commun[33] de connaissances et de compétences.* »

Il s'organise en sept compétences ; celle qui nous intéresse ici est « *la maîtrise de la langue française* » posant problème aux enfants dyslexiques. Il peut avoir un rôle de prévention ou de médiation tant à l'école qu'au collège.

« *Les actions d'aide sont conduites dans l'école et le plus souvent par l'enseignant de l'élève. Il est assorti d'un système d'évaluation en trois temps, évaluation des besoins à l'entrée, à moyen terme puis à la fin du programme. L'adhésion et la participation de l'enfant et de sa famille sont déterminantes pour la réussite des aides apportées.* »

Le PPRE est matérialisé par un document signé par le chef d'établissement, l'enseignant, un représentant de la famille et l'élève.

Le Projet d'Accueil Individualisé : le PAI[34]

Le PAI s'applique aux élèves à besoins spécifiques : maladie (asthme, diabète…), pathologie chronique, dyslexie. Il se fait à la demande de la famille ou de l'établissement et donne lieu à la mise en place d'une équipe éducative en présence du médecin scolaire.

C'est un dispositif souple pour l'aménagement de la scolarité d'enfant souffrant de troubles des apprentissages quand la reconnaissance du handicap n'est pas indispensable.

« Le PAI a pour objectif de définir la prise en charge dans le cadre scolaire de l'élève au regard de ses spécificités et d'assurer la communication avec la communauté éducative de l'établissement… Il organise dans le respect des compétences de chacun et, compte tenu des besoins spécifiques de l'élève, les modalités particulières de la vie quotidienne à l'école et fixe les conditions d'intervention des partenaires (orthophoniste, psychologue, orthoptiste…). »

Le PAI est signé par les différents partenaires composant l'équipe éducative. Il est établi pour l'année scolaire bien que des modifications puissent être apportées en cours d'année. Il pourra également être reconduit d'une année sur l'autre.

Le Projet Personnalisé de Scolarisation : PPS

Il s'adresse aux élèves reconnus handicapés par la Maison Départementale de la Personne Handicapée (MDPH).

Les tableaux ci-contre sont une synthèse des divers dispositifs d'aide aux enfants dyslexiques. Ils précisent à qui ils s'adressent et ce qui est mis en place en fonction des besoins plus ou moins importants des élèves.

La dernière partie du tableau liste des textes de référence apportant un complément d'information.

Ce tableau a été élaboré à partir d'un document APEDYS « Comment choisir un PPS, un PAI ou un PPRE ? » sur le site APEDYS.

Le PPS est sollicité par la famille auprès de la MDPH. Le PAI est sollicité par la famille auprès du chef d'établissement. Le PPRE est proposé par le chef d'établissement, en général à l'initiative de l'équipe pédagogique.

Le RASED

Le RASED[35] est un dispositif ressource mis en place par le ministère de l'Éducation nationale en 1990. Il contribue à la politique d'adaptation et d'intégration scolaire et à la réussite de tous les élèves. Mais toutes les écoles ne bénéficient pas de cette aide.

Un RASED comprend en principe :

- Un maître spécialisé, maître d'adaptation pédagogique, dit « maître E » du nom de son CAP. *« Il mène des actions spécifiques pour réduire les difficultés des enfants lorsque l'aide apportée en classe ou dans le cycle ne permet pas d'atteindre les objectifs visés. »* Certains établissements ont pu obtenir des postes de Regroupement d'Adaptation (RA) confiés à un enseignant spécialisé « maître E » chargé de rééducation pédagogique.
- Un rééducateur ou « maître G » qui a pour mission d'aider l'enfant à retrouver l'estime de soi et à devenir « un écolier ».

	PPS Projet Personnalisé de Scolarisation Dispositif relevant de la MDPH	**PAI** Projet d'Accueil Individualisé Dispositif interne à l'établissement	**PPRE** Programme Personnalisé de Réussite Éducative Dispositif purement pédagogique
Pour qui ?	Le PPS s'adresse aux élèves reconnus handicapés par la CDA (Commission des Droits et de l'Autonomie relevant de la MDPH). Selon sa sévérité, la dyslexie peut être reconnue comme un handicap par la CDA.	Le PAI concerne les élèves atteints de troubles de la santé évoluant sur une longue période sans reconnaissance de handicap : pathologies chroniques, allergies, troubles spécifiques du langage…	Le PPRE peut être établi pour des élèves dont les connaissances et les compétences scolaires spécifiques ne sont pas maîtrisées ou qui risquent de ne pas être maîtrisées. Le PPRE est obligatoire en cas de redoublement.
Pour quoi ?	Le PPS consiste à mettre en place selon les besoins de l'élève : - L'orientation scolaire : UPI, CLIS, classe ordinaire, cours à domicile. - L'aménagement de la scolarité : prise en charge extérieure durant les heures scolaires (orthophoniste, psychologue, répétiteur…). - Les mesures d'accompagnement : auxiliaire de vie scolaire, SESSAD, orthophoniste… - L'attribution de matériels pédagogiques adaptés ; d'ordinateur… - L'aménagement des examens et concours (tiers temps, secrétaire…).	Le PAI permet : - L'aménagement de la scolarité ; prise en charge extérieure durant les heures scolaires (orthophoniste, psychologue, répétiteur…). - La possibilité de traitement médical au sein de l'établissement. Le PAI selon les textes ne permet pas un aménagement pédagogique d'un point de vue de l'adaptation des apprentissages (allégement du travail scolaire, polycopiés des cours…). Toutefois, selon la volonté de l'équipe éducative et d'un commun accord, il peut être mis en place. L'aménagement aux examens est également exclu du PAI, mais sera plus facilement accordé si un PAI a été formalisé auparavant.	Le PPRE permet la mise en place d'un soutien pédagogique spécifique (pendant le temps scolaire et en dehors) de manière modulable mais pour une courte durée.

…/…

	PPS Projet Personnalisé de Scolarisation	**PAI** Projet d'Accueil Individualisé	**PPRE** Programme Personnalisé de Réussite Éducative
Textes de référence	• **Diaporama Projet Personnalisé de Scolarisation :** http://www.apedys.org/dyslexie/users_private/rhone/Decrets-Loi-2005-handicap.ppt • **Mise en œuvre et suivi du Projet Personnalisé de Scolarisation :** http://www.education.gouv.fr/bo/2006/32/MENE0602187C.htm • **Les enseignants référents et leurs secteurs d'intervention :** http://www.education.gouv.fr/bo/2006/32/MENE0601976A.htm • **Loi sur le handicap du 11 février 2005 :** http://www.legifrance.gouv.fr/WAspad/unTexteDeJorf?numjo=SANX0300217L	• **Enfants et adolescents atteints de troubles de santé évoluant sur une longue période :** http://www.education.gouv.fr/bo/2003/MENE0300417C.htm • **Le PAI, pour la scolarisation des enfants malades :** http://scolaritepartenariat.chez-alice.fr/page93.htm	• **Programmes personnalisés de réussite éducative :** http://www.education.gouv.fr/bo/2006/31/MENE0601969C.htm • **Loi d'orientation et de programme pour l'avenir de l'école :** http://www.education.gouv.fr/bo/2005/18/MENX0400282L.htm#loi • **Brochure d'aide pour les écoles pour entrer dans la démarche du PPRE :** http://crdp.ac-paris.fr/d_ecoles/res/PPRE_14mars06.pdf • **Le guide pratique pour l'expérimentation des PPRE à l'école et au collège durant l'année 2005-2006 :** http://eduscol.education.fr/D0072/PPRE_guideexperimentation.pdf

L'inspecteur ASH

Il exerce dans le champ de l'ASH (Adaptation Scolaire et Scolarisation des élèves Handicapés) au niveau académique. Il veille à ce que le droit à la scolarisation soit effectif dans le respect de chacun des partenaires. Il contribue à la réussite de la mise en place de la scolarisation des enfants présentant un handicap.

L'enseignant spécialisé chargé de rééducation pédagogique

L'enseignant spécialisé (maître E) est « *responsable de l'aide spécialisée à dominante pédagogique qui a pour but de restaurer chez l'enfant en difficulté sa capacité à donner du sens aux apprentissages et à maîtriser des techniques d'apprentissage pour qu'il puisse vivre l'expérience de la réussite.* » Selon son champ d'action professionnel, Il intervient auprès des élèves de l'école maternelle (cycle 1 et 2) et de l'école élémentaire au cycle 2 (CP, CE1) dans le cadre de la prévention et au cycle 3 (CE2, CM1, CM2) dans le cadre de la remédiation. Il peut aussi intervenir en SEGPA (Section d'Enseignement Général et Professionnel Adapté) ou en CLIS et ULIS.

Les aides apportées peuvent être individuelles ou par petits groupes. Elles ont lieu sur le temps scolaire et sont planifiées avec l'enseignant de la classe au cours de réunions de synthèse régulières. Il peut aussi participer au travail pédagogique en co-animation avec les enseignants.

Prenons le cas d'un enfant dyslexique. Ses difficultés en lecture et/ou en écriture seront prises en charge par le maître E dans le cadre d'une aide à l'apprentissage de la façon suivante :

- Observation de l'élève dans sa classe en situation d'apprentissage pour le voir fonctionner et pour mieux cerner ses difficultés.

- Évaluation à l'aide d'outils de diagnostic. Le maître E établit un bilan de compétences de l'enfant.
- Rédaction d'un projet individuel sur une période déterminée. Il permet de faire apparaître la cohérence entre cette aide spécifique et l'aide apportée par le maître de la classe. Le document précise les objectifs visés, la démarche envisagée, une estimation de la durée de l'action et les modalités d'évaluation et sa mise en œuvre.

Dans tous les cas, les parents sont informés de la prise en charge de leur enfant par le chef d'établissement ou par l'enseignant référent (enseignant de la classe) et leur autorisation est nécessaire. Je dirais même que leur adhésion au projet, leur implication, est indispensable à la réussite du projet. Ce travail en partenariat est capital pour dynamiser la réussite de l'enfant dyslexique.

Le redoublement

Pourquoi le redoublement est-il encore pratiqué ? C'est parce qu'il existe encore un accord social quant à son utilité voire sa nécessité. Selon certains enseignants il serait un avantage pour réussir plus tard… Ceux-là rejettent les effets préjudiciables pour l'enfant. L'OCDE (Organisation de Coopération et de Développement Économique) dans un rapport publié en février 2012 intitulé « *Équité et qualité de l'éducation* » s'est attardée particulièrement sur le cas de la France, elle préconise de « *supprimer le redoublement* » non seulement trop coûteux mais également inefficace pour améliorer les résultats scolaires. Avec 40 % d'enfants ayant déjà redoublé à l'âge de 15 ans, la France détient le record du taux de redoublement. En ce qui concerne les enfants dyslexiques, il est clair que ce n'est pas un redoublement pur et dur qui apportera des solutions d'aides. Il n'améliorera pas le « handicap ». Un maintien ne peut être utile que dans le cas où l'enfant a besoin de faire une pause et si au cours de l'année de redoublement une prise en charge ou une stratégie pédagogique adaptée est mise en place pour le « rebooster ».

Mon expérience

L'idéal serait une scolarité dans une classe à double niveau. En règle générale, j'ai pu observer que l'enfant qui refait la même chose ne rattrape pas forcément son retard, que cette situation accentue des signes de troubles de concentration car le programme a déjà été vu ; par ailleurs l'enfant n'a plus la même motivation. Il constate de plus que tous les efforts fournis l'ont conduit à une situation d'échec concrétisée par ce redoublement. Quelle désillusion !

CHAPITRE 6

L'ENFANT ATTEINT DE DYSLEXIE « SÉVÈRE » ET LA MDPH

Au programme

- **La loi sur le handicap et la mission de la MDPH**
- **La reconnaissance du handicap et les dispositions prévues par la loi**

Par peur de stigmatisation, je comprends qu'il puisse être difficile pour des parents d'accepter que leur enfant entre dans le champ du « handicap » et donc de prendre la décision de déposer une demande auprès de la MDPH (Maison Départementale des Personnes Handicapées). Cependant, dans le cas d'une dyslexie ou autre trouble « dys » sévère et face au mal-être d'un enfant ou d'un adolescent en grande difficulté, il est très difficile de fermer les yeux et de refuser le bénéfice d'aides spécifiques auxquelles il a droit. Dans ce chapitre, nous allons découvrir ce que cette loi a apporté de nouveau, nous parlerons aussi des démarches à accomplir et surtout des avantages qu'elle peut apporter à un enfant au cours de sa scolarité.

« La loi du 11 février 2005 a pour but de mieux assurer la compensation du handicap. Elle crée dans chaque département une Maison Départementale des Personnes Handicapées (MDPH) placée sous la tutelle du conseil général. »

Ce lieu unique est destiné à faciliter les démarches des personnes handicapées. Il offre dans chaque département un accès unifié aux droits et prestations prévus pour les personnes handicapées. Les aides sont de plusieurs types : administratives, allocations et prestations.

La Maison Départementale des Personnes Handicapées

- Elle est gérée par la commission exécutive.
- C'est un groupement d'intérêt public.
- La commission des droits et de l'autonomie des personnes handicapées composée de vingt-trois membres est chargée d'étudier et de valider les dossiers qui lui sont soumis.
- L'équipe pluridisciplinaire d'évaluation est délocalisée dans chaque maison des solidarités du département. Elle est chargée de mettre en œuvre toutes les investigations nécessaires à l'étude du dossier avant son examen en CDAPH (Commission des Droits et de l'Autonomie des Personnes Handicapées)[36].

La loi sur le handicap et la mission de la MDPH

Le schéma ci-contre permet de comprendre le fonctionnement de la Maison Départementale des Personnes Handicapées.

La saisine de la MDPH relève uniquement des parents de l'élève. Ce sont les parents qui formulent une demande de prise en charge du handicap de leur enfant sur les conseils et avec l'aide du chef d'établissement scolaire. La demande sera déposée auprès de la MDPH par la famille. Se réunit alors une équipe de suivi de scolarisation (ESS) avec un enseignant référent responsable du secteur scolaire de l'établissement. À cet effet, la famille aura fourni un dossier complet (bulletins scolaires, certificats médicaux, bilans orthophonique, psychologique…).

La demande remonte au sein de la MDPH, un médecin coordonnateur sollicite la collaboration d'évaluateurs pour examiner le dossier. Celui-ci sera transmis à l'équipe pluridisciplinaire composée de spécialistes choisis selon le handicap de la personne puis étudié. C'est la CDA (Commission des Droits et de l'Autonomie) qui prendra la décision de reconnaître ou pas le handicap et fixera le PPC (Plan personnalisé de Compensation du handicap). La famille sera avisée de la reconnaissance ou pas du handicap et pourra de ce fait bénéficier éventuellement d'une orientation en CLIS ou en ULIS.

La M D P H
Maison Départementale des Personnes Handicapées

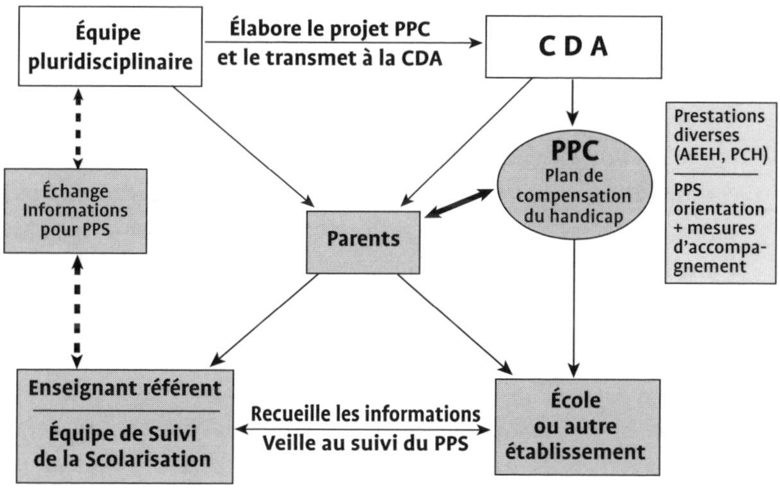

La reconnaissance du handicap et les dispositions prévues par la loi

Inscription et accueil de l'enfant dans l'établissement scolaire de référence

La loi de février 2005 réaffirme la volonté de privilégier la scolarisation en milieu ordinaire sans toutefois en faire un droit absolu. La loi prescrit que désormais « *tout enfant, tout adolescent présentant un handicap ou un trouble invalidant de la santé est inscrit dans l'école ou dans l'un des établissements (scolaires) le plus proche de son domicile, qui constitue son établissement de référence* ». Cette disposition concerne les enfants à partir de 3 ans.

Les aides

L'AEEH (Allocation d'Éducation de l'Enfant Handicapé) est « *une prestation familiale destinée à compenser, au moins en partie, les frais supportés par toute personne ayant à sa charge une personne handicapée.* » En principe, elle n'est pas accordée si le taux de handicap est inférieur à 50 %.

Le PPS (Projet Personnalisé de Scolarisation) définit « *le déroulement de la scolarisation et les mesures d'accompagnement de celle-ci. Le PPS doit faire l'objet d'une demande spécifique de la famille. Le législateur affiche sa volonté de maintenir l'enfant, dans toute la mesure du possible, dans une classe ordinaire, dans une classe spécialisée d'un établissement ordinaire (CLIS ou ULIS) ou dans un établissement médico-éducatif.* » Le PPS peut comprendre aussi des mesures relatives à l'organisation de la scolarité elle-même et aux aménagements à y apporter :

- Un tiers-temps supplémentaire, photocopies des cours, consigne des contrôles en police Arial ou Comic 14 en recto, ordinateur, clé USB, logiciels, correcteur d'orthographe, dictionnaire électronique.

- Dispense de certaines matières (anglais pour les dyslexiques, musique, technologie, art plastique pour les dyspraxiques).
- Libération de créneaux horaires et de locaux pour que certains rééducateurs puissent intervenir dans l'établissement.
- Soutien logistique de camarades de classe.
- Dictées à trous ou à choix multiples.
- Notation du fond et pas de la forme, évaluer à l'oral.
- Attribution d'un Auxiliaire de Vie Scolaire.

Les équipes de suivi de la scolarisation (ESS) et les enseignants référents

L'enseignant référent intervient après décision de la MDPH. Il assure la mise en place et le suivi du Projet Personnalisé de Scolarisation (PPS).

« *Des dispositions particulières sont prévues pour permettre aux élèves handicapés de se présenter aux examens et concours organisés par l'Éducation nationale dans des conditions aménagées : installations de la salle d'examen, des machines ou matériel technique ou informatique, secrétariat d'assistance (aide humaine), adaptation dans la présentation des sujets, temps de composition majoré.* »
Le code de l'éducation prévoit qu'un temps supplémentaire peut être octroyé aux candidats aux examens et aux concours de l'enseignement scolaire et de l'enseignement supérieur qui présentent un handicap ou un trouble de la santé invalidant afin de garantir l'égalité des chances entre les candidats (article L 114).

« *Les candidats peuvent également être autorisés à la conservation de notes, à l'étalement des épreuves sur plusieurs sessions et selon le règlement propre à chaque examen peuvent prétendre à l'adaptation ou la dispense d'épreuves.* »

Pour aller plus loin

Une circulaire ministérielle « Examens et concours de l'enseignement scolaire et de l'enseignement supérieur » existe. Elle a pour objet de préciser aux candidats qui présentent un handicap reconnu les dispositions relatives aux aménagements des examens ou concours de l'enseignement scolaire et de l'enseignement supérieur. Elle s'articule selon trois points :

1. Champ d'application.

2. Public concerné.

3. Procédure et démarches.

Cette circulaire n° 2011-220 du 27/12/2011 se trouve sur le site www.education.gouv.fr Enseignements secondaire et supérieur.

La demande d'aménagement des épreuves aux examens et concours

Elle doit avoir lieu deux mois avant la date d'examen.

Selon le degré de sévérité, et au cas par cas, il peut être demandé :

- un tiers-temps pédagogique aux épreuves orales et écrites ;
- ordinateur et logiciel à commande vocale ;
- aide d'une tierce personne chargée de lire les énoncés à l'élève dyslexique ;
- un secrétaire chargé non seulement de la même mission mais aussi d'écrire sous la dictée du candidat.

Pour le brevet des collèges, les candidats pourront éventuellement bénéficier de l'épreuve adaptée d'orthographe prévue pour les malentendants.

Pour le baccalauréat, les candidats qui n'obtiennent pas la moyenne suffisante à l'ensemble des épreuves peuvent conserver des notes supérieures à la moyenne et donc ne repasser que les épreuves échouées à la session suivante.

L'enseignant référent

Enseignant titulaire d'un certificat spécifique pour enseignement spécialisé, ses missions sont les suivantes :

- Être en relation avec les parents, l'élève, les rééducateurs, les enseignants...
- Aider à la constitution du dossier et faire le lien avec la MDPH.
- Organiser les réunions d'ESS.
- Effectuer le suivi pendant toute la scolarité de l'élève, y compris à l'université.

À savoir

> **Ses coordonnées sont affichées à l'école ; si ce n'est pas le cas il faut les demander au directeur de l'établissement qui doit vous les remettre.**
>
> **Vous pouvez également les trouver sur le site de la MDPH ou de l'Inspection académique dont vous dépendez.**

L'enseignant référent est un enseignant spécialisé, qui dans un secteur déterminé « *veille aux conditions dans lesquelles se réalise la scolarisation de chaque enfant handicapé* ». Il est le garant du bon déroulement du PPS, l'interlocuteur de tous les partenaires concernés par le PPS et en premier lieu les parents. Il réunit, anime et coordonne les équipes de suivi de scolarisation et il en établit les comptes rendus qu'il transmet aux différents partenaires.

Il a un rôle essentiel d'information, de conseil et d'aide auprès des équipes d'enseignants et des parents. Il suit l'élève pendant toute sa scolarité.

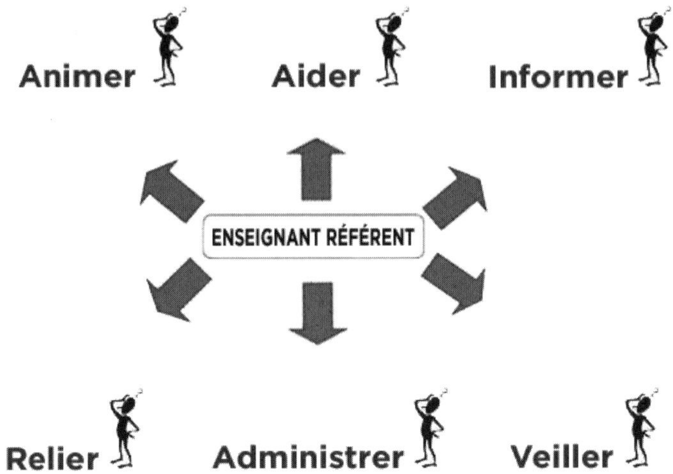

L'équipe de suivi de scolarisation (ESS)

L'équipe de suivi de scolarisation est animée par l'enseignant référent, elle ne peut valablement se réunir en l'absence des parents. Elle se tient au moins une fois par an. Sa mission est d'assurer le suivi des décisions de la Commission des Droits de l'Autonomie (CDA), de mettre en œuvre le PPS et de veiller au bon déroulement du parcours scolaire de l'enfant handicapé. Les parents, le ou les enseignants, l'enseignant spécialisé, le chef d'établissement, les professionnels de la santé (médecin scolaire, infirmier, psychologue, orthophoniste…) participent à l'ESS.

Les structures spécialisées : CLIS, ULIS…

La CLIS dys, classe d'intégration scolaire « dyslexie »

Les élèves dyslexiques scolarisés à l'école primaire dont le handicap est reconnu peuvent être orientés en CLIS dys après décision de la CDA.

D'une façon générale, une CLIS est une classe de l'école qui a pour mission d'accueillir de façon différenciée des élèves en situation de handicap afin de leur permettre de suivre totalement ou partiellement un cursus scolaire ordinaire. L'effectif de la classe est limité à douze élèves. Elle est sous la responsabilité d'un enseignant spécialisé titulaire du CPA-SH. La CLIS dys est une « classe ouverte », chaque élève scolarisé en CLIS bénéficie de temps d'intégration dans des classes ordinaires selon son niveau, ses compétences et ses besoins.

Prenons quelques exemples : un enfant ayant des difficultés d'apprentissage en lecture pourra être intégré en classe de CP ou de CE1. Un enfant ayant des difficultés en numération pourra participer aux séances de mathématiques dans une classe de CE1, un enfant de même classe d'âge que des élèves de CM1 pourra être intégré en CM1 pour suivre les cours d'histoire, géographie, sport…

L'intégration se fait selon un projet individuel qui précise les compétences à acquérir en fonction d'un emploi du temps précis en collaboration avec l'équipe pédagogique.

L'ULIS dys, unité localisée d'intégration scolaire

L'ULIS (ex UPI) est la continuité de la CLIS au sein d'un établissement du second degré. L'entrée en ULIS suppose aussi l'élaboration ou la continuité d'un PPS intégrant un Projet Personnel d'Orientation (PPO) et assurant la cohérence des différentes dispositions d'accompagnement à partir d'une évaluation globale des besoins de l'élève (thérapeutique, rééducatif…). Comme en CLIS, les élèves sont intégrés selon leurs compétences dans les classes ordinaires du collège.

Les établissements spécialisés pour dyslexiques

Il existe des établissements spécialisés pour les dyslexiques.

Mon expérience

Dans la région PACA, j'ai eu il y a quelques années l'opportunité de faire un stage à Orpierres (05) dans la maison d'enfants « Les lavandes ». À cette époque elle accueillait des enfants ayant des troubles cognitifs comme la dyslexie. C'était un établissement à caractère sanitaire qui, depuis septembre 2011, s'est transformé en « pôle expérimental » dans le secteur médico-social. J'avais été accueillie par une équipe de professionnels remarquables. Les temps d'observation dans les classes, les réunions de bilan, les échanges avec les enseignants, les psychologues, les orthophonistes... m'ont beaucoup apporté. La spontanéité des échanges avec les enfants et leurs familles ont donné à mon stage une autre approche, une autre dimension.

Pour aller plus loin

La liste des établissements spécialisés pour les enfants « dys » peut être communiquée par la MDPH ou l'enseignant référent, sur le site de la FEED (Fédération des Établissements scolarisant des Enfants Dyslexiques) pour les établissements de l'enseignement privé. Voir site : www.feedfrance.fr.

PARTIE 3

AIDER UN ENFANT DYSLEXIQUE, C'EST LUI MONTRER COMMENT APPRENDRE

Certes tous les enfants vont à l'école pour apprendre, « *Apprendre oui mais comment*[37] *?* » s'interroge Philippe Meirieu. L'étymologie est parlante : « *Apprendre c'est avant tout saisir par l'esprit, prendre à soi, et donc faire sien.* » Apprendre, c'est développer des savoir-faire en faisant ce que l'on ne sait pas faire. Ainsi, pour apprendre à nager, il faut nager. À la piscine, le maître nageur demande aux enfants de redresser la tête, d'inspirer, de synchroniser les mouvements des bras et des jambes… Alors, *comment* apprendre dans notre système scolaire ? L'enseignant demande à l'élève la maîtrise d'un ensemble de compétences, de pratiques mais ne montre pas les démarches, les actions cognitives qui sous-tendent cette maîtrise, ce qui à l'inverse occupe une grande place dans l'enseignement technique et professionnel. De ce fait, ce sont les parents qui expliquent « *le comment apprendre* », donc ce sont eux qui jouent les maîtres nageurs !

À ce sujet, et compte tenu de mon cursus scolaire, je me suis souvent demandé comment un enseignant ayant eu un parcours scolaire sans faute et « bardé » de diplômes, pouvait se mettre à la portée d'un enfant en difficulté, d'un enfant dyslexique. Cette citation de Philippe Perrenoud[38] vient confirmer ma réflexion : « *Si tous les éducateurs, tous les enseignants avaient conscience de la complexité des processus d'apprentissage, il y aurait moins d'échecs,*

de douleurs et de tensions dans la vie des enfants, des familles et des classes. » Certes pour apprendre, il faut mémoriser, stocker des informations dans notre « boîte noire » pour les récupérer et les restituer en temps utile. Mais encore faut-il savoir comment faire.

CHAPITRE 7

MONTRER COMMENT APPRENDRE À LIRE

Au programme

- **Aprendre, comprendre...**
- **Comment développer les processus d'apprentissage de la lecture ?**

La psychologie cognitive définit quatre compétences en lecture construites essentiellement sur « le mot » en tant qu'unité minimale de signification qu'il est bon de connaître :

- l'encodage, assemblage des lettres pour former des syllabes, des mots ;
- le décodage ou déchiffrage consistant à décomposer le mot en syllabes et lettres ;
- l'identification, accès direct au mot ;
- la compréhension, réalité désignée par le mot.

Les activités d'aide au « *décodage* » qui vont suivre permettront aux parents d'aider les enfants dyslexiques à surmonter leurs difficultés en lecture. Ce sont des activités sur la connaissance de l'alphabet, de la rime, des mots, des syllabes, des phonèmes, des lettres. Dans les exercices proposés que j'aime appeler exercices pour « *montrer à faire* », votre rôle sera celui d'un coach, d'un pilote plus que d'un transmetteur de savoirs. Vous allez montrer, écouter, questionner, reformuler, donner du *feed-back* à travers des actions concrètes qui lui permettront de progresser grâce à ses réussites. Au fil des activités, si votre enfant butte sur un exercice, pensez à repérer l'erreur, le manque afin de le combler rapidement. À l'école, les activités se succèdent souvent trop vite ; or les enfants dyslexiques comme tous les enfants en difficulté ont besoin de plus de temps, de plus de transparence, de précision et de répétition.

Les enfants ont besoin de clarté :

- à moyen terme (objectifs de fin d'année au niveau des savoirs et des savoir-faire) ;
- à court terme (développer des compétences : savoir réciter une règle d'orthographe, puis juger de la pertinence de son utilisation dans une dictée, dans l'écriture d'un texte…).

L'enseignement du *comment* faire portera ses fruits car il faut donner du sens pour apprendre et du temps pour mémoriser.

Apprendre, comprendre…

Selon la définition du *Petit Robert*, apprendre, c'est « *acquérir des connaissances par un travail intellectuel ou par expérience* ». Nous pouvons apprendre des numéros de téléphone, les paroles d'une chanson, une recette de cuisine, à parler anglais… Lorsque nous apprenons, la restitution doit être fidèle et c'est donc la mémoire à long terme qui est sollicitée.

À l'école les enseignants demandent quelquefois aux élèves « *d'apprendre par cœur* » les tables de multiplication, les règles d'orthographe ou « *d'apprendre intelligemment* » une leçon pour montrer qu'ils ont compris. Apprendre et comprendre sont deux concepts qui vont rarement l'un sans l'autre. Les enfants nous disent « *ça y est, j'ai compris !* » ce qui veut dire : « *Je suis capable de retrouver, d'expliquer la démarche qui me permet de passer de la situation initiale à la situation finale.* » À l'école, l'activité intellectuelle des élèves est d'apprendre des connaissances plus que de les comprendre. Ils se contentent d'appliquer des règles, des techniques et de ce fait n'arrivent pas toujours à réussir leur tâche. Si apprendre une technique est économique en temps, comprendre nécessite de construire sa propre démarche. Pour apprendre à lire, nous avons vu que le cerveau doit passer par différentes phases. Chacune d'entre elles, comme les maillons d'une chaîne, permet à l'enfant de stocker des habiletés le conduisant progressivement à la maîtrise du « *décodage* ». Dès que l'enfant a acquis la capacité de reconnaître les mots, la compréhension, processus complexe, s'améliore de façon importante.

Comment développer les processus d'apprentissage de la lecture ?

L'enseignement des correspondances entre graphème et phonème

La réussite scolaire dépend de la maîtrise de la lecture. Pour cela nous devons réunir des conditions optimales pour un apprentissage efficace chez l'enfant dyslexique. Nous savons que sa difficulté dans ce domaine est de parvenir à établir le plus rapidement possible une réponse vocale à un signal visuel. Ces règles de conversion entre graphèmes (lettres) et phonèmes (sons) exigent la connaissance de l'alphabet ainsi que l'acquisition et la maîtrise de la conscience phonologique. Offrir un solide entraînement des correspondances graphème-phonème basé sur l'analyse ou l'analogie et, plus tard, l'intermédiaire de la synthèse (apprendre comment fusionner des sons pour former des mots connus) vise à aider les enfants à maîtriser le principe alphabétique. Il pourra reconnaître les mots familiers avec automatisme et précision ainsi que décoder des mots moins familiers. Selon les programmes officiels de l'Éducation nationale

« *Les enfants doivent connaître le nom des lettres de l'alphabet* » à l'issue de l'école maternelle. Certains chercheurs et pédagogues considèrent que l'apprentissage de toutes les lettres de l'alphabet risque de retarder l'apprentissage de la lecture en raison de confusions que l'enfant pourrait éprouver car effectivement une même lettre peut avoir plusieurs sons. Prenons en exemple la lettre *c*. Elle peut se prononcer [seu] dans « citron » ou [keu] dans « cage » ou même faire [cheu] dans « chat ». C'est exact, mais le risque n'est-il pas le même avec les voyelles ? Certes la voyelle *a* donne le son [a] dans le mot « ami » mais l'enfant devra en suite apprendre que la lettre *a* attachée à la lettre *n* dans une même syllabe donne le son [an] comme dans le mot « maman », que *a* attaché à la lettre *i* dans une même syllabe donne le son [ai] comme dans le mot « chaise »...

Mon expérience

Je me souviens d'avoir été complètement déstabilisée par des nouveaux sons au cours de mon apprentissage de la lecture et bien plus tard j'ai retrouvé les mêmes difficultés chez les élèves que j'ai aidés. En fait, nous avions acquis avec peine certaines certitudes comme l'association consonne voyelle *la* qui donne *la* (C V) et un jour nos certitudes s'effondrent au profit d'autres associations consonne voyelle consonne (C V C) : *lan* ou consonne double voyelles (C V V) *lai*. Mon vécu de dyslexique me conduit à écrire aujourd'hui qu'un apprentissage bien conduit sur la connaissance progressive (une lettre par semaine en maternelle) de « toutes » les lettres de l'alphabet en commençant par les voyelles, en ayant soin d'associer le « nom » au « bruit » de la lettre accompagné d'un geste spécifique pour chaque son s'avère bénéfique pour l'enfant dyslexique.

Je me réfère à la méthode phonétique et gestuelle de Suzanne Borel-Maisonny et à celle de Brigitte Lemaire (cf. p. 158). La connaissance des lettres de l'alphabet va permettre à l'enfant de s'approprier les notions suivantes :

- Pour écrire, il existe vingt-six lettres qui sont des signes graphiques normés.

- Chaque lettre a un nom et fait un ou plusieurs bruits.
- Chaque lettre a une forme graphique, un tracé qu'il faut être capable de reconnaître et de reproduire.
- Les lettres sont classées dans un ordre appelé « *ordre alphabétique* » que l'enfant apprend et connaît comme une comptine.
- Les lettres peuvent être majuscules ou minuscules, détachées (scriptes) comme dans les livres, ou cursives comme dans les cahiers.

Les documents d'accompagnement des programmes publiés par le ministère de l'Éducation nationale mentionnent qu'en fin de grande section « ... *si les élèves n'ont pas accédé à la compréhension du principe alphabétique, sans doute y aura-t-il un obstacle insurmontable pour nombre d'activités qui peuvent être proposées dans un CP habituel.* » En fin de grande section, si l'enfant ne maîtrise pas le nom de toutes les lettres de l'alphabet, il est tout de même important qu'il différencie le nom, la valeur sonore et le tracé des lettres les plus usitées.

En pratique

Si votre enfant présente des difficultés dans ce domaine en cours de grande section, avant qu'il entre en CP ou en tout début de CP, reprenez les activités que je propose sous forme de jeux avec des lettres mobiles afin qu'il puisse reconnaître et nommer toutes les lettres de l'alphabet sans hésitation, car, comme le conducteur débutant connaît tous les panneaux du Code de la route pour conduire en toute sécurité, le lecteur débutant doit connaître les vingt-six lettres de l'alphabet pour apprendre à lire.

Dans son livre intitulé *Le don de dyslexie*, Ronald Devis[39], célèbre dyslexique américain touché par les troubles de la dyslexie et illettré à l'âge de 18 ans, affirme que tous les dyslexiques pensent de façon prépondérante en images et que de ce fait ils ont généralement du mal avec les objets non réels et symboliques tels que les lettres et les chiffres. Il nous faut donc l'aider.

Connaître l'alphabet

Voici des conseils et des exercices pratiques pour connaître les vingt-six lettres de l'alphabet (nom, bruit, forme).

Un poster

Affichez un joli poster dans la chambre de l'enfant représentant les vingt-six lettres.

- Sélectionnez ensemble une chanson sur l'alphabet. Vous l'apprendrez et la chanterez ensemble. Ce chant entraînera sa mémoire auditive.
- Pointez et nommez des lettres sur le poster pour que l'enfant les visualise et mémorise leur *graphie* en même temps que leur *bruit* (pour apprendre à lire, l'enfant doit apprendre à associer la lettre à son bruit).

Vous direz par exemple :

La lettre R : Voici la lettre R qui se prononce [reu] comme dans le mot « raisin » et ne pas dire R se prononce [ère] comme dans le mot « raisin ». En plaçant la main sur sa gorge l'enfant sentira vibrer la lettre R, [reu].

La lettre S : Voici la lettre S qui se prononce [seu] comme dans le mot « sac » en faisant bien siffler le [seu] dents serrées. Ne pas dire S se prononce [esse] comme dans le mot « serpent ».

La lettre F : Voici la lettre F qui se prononce [feu] comme dans le mot « fleur », [feu] c'est le chat qui sort ses griffes et ne pas dire F se prononce [èfe] comme dans le mot « fleur ».

Des lettres en pâte

Confectionnez les lettres de l'alphabet en pâte à modeler ou en pâte à sel.

Cela sollicitera sa créativité, permettra d'obtenir un matériau en 3D qu'il s'appropriera et manipulera à sa convenance.

La manipulation dans l'espace de ces lettres va permettre à l'enfant de saisir leur différence (forme, graphie). L'utilisation de couleurs variées pour des lettres comme *b*, *p*, *d*, *q* sera aussi une aide pour leur reconnaissance. Vous observerez ainsi la façon dont votre enfant forme les lettres et la façon dont il réagit en les nommant, cela vous amènera à identifier celle(s) qui déclenche(nt) en lui la désorientation, la confusion avec les erreurs qui en découlent et vous pourrez y consacrer plus de temps.

Pour aller plus loin

Dans son livre *L'alphabet des cinq sens* Régine Zékri-Hurstel[40] relate comment elle a été amenée à inventer un alphabet sensoriel composé de vingt-six « des lettres-objets » en 3 D. Cet alphabet sensoriel, ludique est utilisé comme « outil de rééducation » pour lutter contre la dyslexie.

Petits exercices

Continuez cet entraînement à l'identification des lettres de l'alphabet avec les jeux/exercices suivants :

- Demandez à votre enfant de vous montrer une lettre que vous nommez puis inversement vous lui montrerez une lettre qu'il devra nommer. Faites-lui bien différencier le nom de la lettre et le bruit de la lettre comme dans les exercices précédents.
- Demandez-lui de compléter un tableau comme ci-contre. Il devra trouver la lettre qui vient juste avant puis la lettre qui vient juste après.

	E	
	H	
	X	
	O	

- Demandez-lui de trouver la lettre qui se trouve entre deux lettres données (entre I et K). Au début il pourra regarder sur le poster mais petit à petit il sera fier de trouver la réponse sans cette aide.

- Pensez aussi aux petites pâtes en forme de lettres de l'alphabet que l'on peut s'amuser à rechercher dans son assiette pour écrire son prénom tout en dégustant un bon potage !

Pour mémoriser la graphie d'une lettre, vous pourrez aussi :

- Tracer à la craie une grande lettre sur le sol et lui faire suivre « *le chemin de la lettre* » après l'avoir fléchée comme un circuit. Il décrira son chemin en le suivant : « *Je descends tout droit, je tourne, je remonte tout droit C'est le chemin de la lettre U.* »
- Tracer une lettre dans l'espace, les yeux fermés en la revoyant dans sa tête il dira : « *Je descends tout droit pour faire une barre, je lève la main et je fais un point au-dessus de la barre que je viens de tracer. J'ai écrit la lettre i.* »
- D'un doigt, tracer une lettre sur son dos, il devra deviner le nom de la lettre.
- Tracer une lettre sur une feuille (plan horizontal) puis sur un tableau accroché au mur (plan vertical) en décrivant son geste. Le passage du plan horizontal au plan vertical nécessite une « *capacité visuelle complexe* ». Cet exercice est une excellente façon de mémoriser le graphisme d'une lettre en se repérant dans l'espace sur deux plans.

Ces exercices d'entraînement sont ludiques et nécessaires. Par répétition, ils contribuent à développer la reconnaissance visuelle des lettres et la maîtrise du geste graphique pour tracer chaque lettre. L'enfant apprendra d'abord à mémoriser les six lettres – *a, e, i, o, u, y* – appelées voyelles. Vous lui direz qu'elles permettent de faire chanter toutes les autres lettres de l'alphabet appelées consonnes et vous le préparerez ainsi à l'acquisition de la conscience phonologique.

Pour cela vous pourrez l'entraîner à faire des « *gammes* » avec quelques consonnes.

Avec la lettre *p, p/a*… [pa] comme dans « papa »

p/e… [pe] comme dans « petit »

l/a pour faire [la] comme dans « lavabo »

et *a/l* pour faire [al] comme dans « alphabet »

Vous pourrez écrire un alphabet personnalisé avec des prénoms, des noms d'animaux, de fleurs… et l'illustrer.

Ou écrire aussi des acrostiches : à la verticale, les premières lettres permettent d'écrire le mot choisi. Par exemple : chat.

CALIN
HABILE
ADORABLE
TRANQUILLE

Prendre conscience des rimes

Exemples d'exercices et comptines

Le jeune cerveau reconnaît les syllabes, les attaques et les rimes bien avant d'avoir conscience des phonèmes. Les attaques constituent les consonnes initiales qui changent le sens du mot (« poule »/« boule ») ; les rimes sont constituées soit d'une voyelle soit d'une combinaison voyelle-consonne et demeurent constantes en fin de mots dans une série (« front »/« tronc »/« bon »).

Retrouver le mot qui rime avec « journal »

Les activités sur la rime permettent à l'enfant de prendre conscience des sons, par la dernière syllabe des mots, par reconnaissance et association.

« La famille tortue
Jamais on n'a vu
Jamais on ne verra
La famille tortue courir après les rats
Le papa tortue et la maman tortue
Et les enfants tortue iront toujours au pas. »

- Jouer avec les prénoms et les noms de pays : *« Mélanie part en Italie, Amandine part en Argentine, Cyril part au Brésil. »*
- Jouer avec les prénoms et les noms d'animaux : *« Natacha a un chat, Adrien a un chien, Anaë a un perroquet. »*
- Jouer avec les prénoms et les noms de choses : *« Roméo fait du vélo, Bertille joue aux billes, Marion lance le ballon. »*

Segmenter une phrase en mots

Pour le cerveau d'un enfant, il est plus facile de percevoir les mots et les syllabes que les phonèmes. Compter les mots dans une phrase est un exercice utile qui favorisera ultérieurement la reconnaissance des phonèmes.

Compter le nombre de mots d'une phrase orale.

- Comme à l'école, donnez d'abord la **consigne** : « Je vais compter les mots de la phrase suivante : *Paul joue au ballon* » et annoncez à haute voix comment vous allez procéder. « Je redis la phrase dans ma tête *Paul joue au ballon*. J'avance d'un pas en disant *Paul* et je compte : un mot. Je fais un autre pas, je dis *joue* : deux mots. Je fais encore un pas et je dis *au* : trois mots. Pour finir je dis *ballon*, ce qui fait quatre mots dans la phrase. » Vous pouvez compter les mots sur vos doigts ou les matérialiser par des jetons. Enfin, recomptez les mots sur vos doigts en disant : « *Paul* 1, *joue* 2, *au* 3 *ballon* 4. Cette phrase est composée de quatre mots. »
- Vous reprenez le même exercice et vous le faites **ensemble**.
- Vous énoncez ou vous écrivez une nouvelle phrase simple, vous donnez la même consigne. Laissez-le agir **seul**.

Si la phrase est écrite, il se rendra compte du rôle des « blancs ». Plus tard, vous pourrez lui proposer une phrase écrite dont les mots seront attachés les uns aux autres comme dans des exercices scolaires de fin de CP ou de CE1 et vous lui demanderez de représenter les blancs par une barre.

Vous pourrez aussi écrire des phrases sur des bandes de papier en insistant sur la présence d'un espace, un « blanc » entre deux mots. Découpez avec des ciseaux chaque mot ou entourez-les en utilisant des couleurs différentes puis comptez-les. Votre enfant intégrera ainsi que les espaces blancs servent à séparer et à repérer les mots.

Refaites régulièrement ces exercices en proposant des phrases plus longues jusqu'à ce que la notion de « mot » soit acquise.

Vous pouvez lui faire remarquer que la phrase commence toujours par une grande lettre appelée majuscule et que le dernier mot de la phrase est suivi par un point qui marque la fin de la phrase. En fin de CP ou à partir du CE1, au cours de ce comptage de mots dans la phrase, vous pourrez dire à votre enfant « *Marie*, c'est le nom d'une fille, le mot *Marie* est un nom. Et *école*, tu sais ce qu'est une école ? Eh bien, le mot *école* est aussi un nom. » Cette « cueillette » de noms qui peut être faite à partir d'images va progressivement enrichir son vocabulaire. « Connais-tu d'autres noms ? Nous allons en chercher autour de nous (lit, table, chaise…). Nous allons chercher cinq noms chacun et je suis sûr que c'est toi qui gagneras ! »

Vous l'initierez ainsi au vocabulaire spécifique de la grammaire française (nom, verbe…) qui n'est pas facile à intégrer et particulièrement chez un enfant dyslexique.

Progressivement vous allez familiariser votre enfant à la connaissance de ce que l'on nomme en grammaire « la nature des mots ».

Mon expérience

J'anticipe ici sur l'acquisition du *« métalangage »* (nom commun, verbe, adjectif qualificatif…) qui est utilisé dès le CE1 lorsque les enfants commencent à étudier la grammaire. Vous trouverez peut-être que c'est trop tôt, que je vais trop vite, un peu trop loin… Eh bien non ! Vous parlez bien à un bébé alors qu'il est en incapacité de vous répondre avec des mots mais, à travers vos monologues, il construit petit à petit son langage. Pourquoi n'en serait-il pas de même dans d'autres domaines et particulièrement dans celui de la grammaire ? Par expérience je peux dire que cette imprégnation portera ses fruits, elle n'a rien à voir avec une leçon de grammaire. Vous jouez à reconnaître *« le nom des mots »*. L'objectif est de préparer votre enfant qui risque d'être submergé de mots nouveaux à l'école primaire dès le CE1. Au cours de ma carrière, j'ai exercé une dizaine d'années en CE1 et je peux affirmer que tout le vocabulaire scolaire spécifique de chaque matière posait rapidement problème aux enfants en difficulté.

La pratique guidée (ou dirigée) proposée dans ces exercices favorise la compréhension ; elle est suivie de la pratique autonome nécessaire à la maîtrise de la tâche. Au cours de ses activités l'enfant doit savoir observer, être attentif, utiliser toutes ses mémoires (auditive, visuelle, kinesthésique…), raisonner, comprendre et appliquer. Il met en place des compétences métacognitives. Demandez ensuite à votre enfant de redire avec des mots à lui ce qu'il vient de faire. C'est un *feedback* qui lui permet d'oraliser et de revoir dans sa tête les différentes étapes du raisonnement lui ayant permis d'accomplir et de réussir sa tâche. C'est en exerçant cette démarche cognitive appelée « *métacognition* » qu'il pourra mémoriser et mobiliser des connaissances indispensables à la réussite d'une tâche donnée.

Segmenter et manipuler des syllabes

Les enfants comptent les syllabes d'un mot dès la moyenne section de maternelle. Si le vôtre n'y arrive pas, cela doit alerter les enseignants et vous parents. Il faudra alors faire régulièrement des exercices comme ceux proposés dans les pages suivantes. Pour jouer à compter les syllabes d'un mot, choisissez pour commencer des prénoms, des mots familiers illustrés d'images. Je vous conseille de les associer à l'écriture du mot pour familiariser l'enfant avec l'écriture. Vous pourrez confectionner des cartes ou en trouver dans le commerce.

Pour des enfants de CE1, vous pourrez rapidement supprimer les images pour ne présenter que des mots écrits.

Après des mots connus, vous pourrez proposer des non-mots (par exemple : VADAN) ou des mots moins connus en ayant toujours le souci d'enrichir son vocabulaire.

Jouer avec les syllabes

Il s'agira d'isoler, identifier, manipuler des syllabes.

- Classez des mots selon le nombre de syllabes.

ROUE	*MOU-LIN*	*COC-CI-NEL-LE*
1	*2*	*4*

- Triez des étiquettes et regroupez les étiquettes image/mot ayant le même nombre de syllabes.
- Associez deux étiquettes image/mot qui commencent par la même syllabe.
- Associez deux étiquettes image/mot qui se terminent par la même syllabe.
- Reconstituez un mot entier (à partir du CP).

Écrivez un mot simple sur une étiquette que votre enfant découpera en syllabes. Inversement avec des syllabes découpées et en désordre demandez-lui de reconstituer un mot entier. Commencez par des mots simples à 2 syllabes, ensuite vous pourrez lui proposer des mots à 3 syllabes et plus.

ROU/KAN/GOU

Le jeu de bataille

Jouez avec des cartes représentant des images et des mots de 1, 2, 3, 4 syllabes. Celui qui remporte le pli est celui qui tire une carte ayant le plus grand nombre de syllabes. Il y a bataille en cas d'égalité.

3 syllabes

1 syllabe

4 syllabes

Le jeu de mistigri

Avec les mêmes cartes/mots ne dépassant pas 4 syllabes, ajoutez une ou des cartes/mots à 5 syllabes.

Le perdant se retrouve avec le mistigri, la carte qui possède 5 syllabes.

Le jeu des animaux

Avec des cartes images/mots d'animaux, coupez puis fusionnez les syllabes.

Il s'agit de créer des animaux extraordinaires en mélangeant et en fusionnant les syllabes. Puis écrire les noms d'animaux créés et s'amuser à les dessiner.

POULE CHEVAL

Ce qui pourra donner : POUCHE, CHEPOU…

Soustraire la première syllabe d'un mot, la deuxième puis la troisième

TOMATE = MATE, TOTE, TOMA

Le jeu du « Verlan »

Il s'agit de parler à l'envers, s'amuser à inverser deux syllabes :

CITRON =TRONCI

BATEAU = TEAUBA

Le jeu de dé

Sur les faces d'un gros dé en mousse, collez des étiquettes portant des syllabes. Lancez le dé, lisez la syllabe du dessus et trouvez un mot contenant cette même syllabe au début, à la fin ou au milieu d'un mot.

DIMANCHE/LUN**DI**/SAR**DI**NE.

Trouver la syllabe manquante

to...

Cocher la syllabe dans laquelle on entend un son donné

Ici le son [i].

Le carnet de syllabes

Vous pouvez le confectionner en fonction des acquisitions de votre enfant.

Les pages du carnet seront groupées par deux : sur la page de gauche vous pourrez écrire une consonne et sur la page de droite une voyelle. En tournant les feuillets l'enfant s'entraînera à lire de nombreuses syllabes.

À savoir

Vous pourrez aussi acheter un carnet sur Internet dans le matériel pédagogique.

Sur le site : cp.lakanalfree.fr/ressources/lecture vous trouverez les affiches des signes Borel-Maisonny, un dictionnaire des sons, des fiches à imprimer pour réaliser un classeur de syllabes et de nombreux jeux en ligne.

Vous trouverez aussi une grande variété d'outils d'aide sur le site APEDYS www.apedys.org

Faire la différence entre les phonèmes et les lettres

Vous pouvez progressivement jouer sur la discrimination des phonèmes. Commencez par le jeu du « j'entends/je n'entends pas » :

- Entends-tu le son [a] dans « ballon » ? dans « robe » ? « beau » ?
- Devine ce qui commence par le son [peu]. Vous posez sur une table un livre, un stylo, une pomme, une balle.

- En promenade, jouez à la chasse aux sons en lui disant : « *Je vois quelque chose qui commence par le son [meu], devine ce que c'est.* » L'enfant pourra répondre : une maison, du mimosa…
- Demandez-lui : « Entends-tu [jeu] dans *cheval* ? dans *genou* ? dans *tige* ? »

Vous pourrez varier les jeux avec des phonèmes proches placés au début, au milieu ou à la fin des mots. Il devra associer le nom de la lettre au « bruit » de la lettre en associant progressivement les majuscules *B/D/P/Q* aux minuscules *b/d/p/q*. L'enfant devra associer un mot « *image-clé* » que vous choisirez avec lui, que vous pourrez afficher dans sa chambre, par exemple *B* ou *b* avec le mot « biberon ». Progressivement vous pourrez faire de même avec d'autres sons puis avec des sons qu'il confond. L'association lettre/image facilitera la mémorisation en faisant appel aux deux mémoires auditive et visuelle.

Mon expérience

Il peut être intéressant d'ajouter un geste spécifique à chaque lettre étudiée si vous optez pour une aide gestuelle.

Exemples d'étiquettes mot/image à confectionner pour mémoriser les lettres et leur son.

k de kangourou

b de biberon

Ces images/mots, vous pourrez les confectionner ensemble sous forme d'étiquettes pour chaque lettre et les utiliser sous forme de jeu.

Vous pourrez aussi les découper en deux parties, votre enfant tirera au sort la lettre *d* ou *D* et le mot « domino », il devra rechercher le dessin correspondant ou inversement.

Repérer les différents phonèmes et les lettres dans un mot

Pour utiliser les relations entre graphèmes (lettres) et phonèmes (sons), il faut comprendre que *BOL* est formé de trois phonèmes différents. Or lorsque nous avons joué avec les syllabes, nous les avons prononcées en un seul bloc. Le dyslexique est en difficulté lorsqu'on lui demande de compter le nombre de phonèmes d'une syllabe ou d'un mot. D'où la nécessité de multiplier les activités sur les phonèmes.

Exemples.

- **BOL = B/O/L** j'entends trois sons/trois phonèmes : le *b* de « bébé », le *o* de « olive » et le *l* de « loup »

Ensuite, l'enfant pourra compter chaque lettre mobile ou montrer sur son alphabet. Dans ce mot, nous comptons trois sons et trois lettres.

- **CRAPEAU = K/R/A/P/O** j'entends quatre sons/quatre phonèmes : le *k* de « coq », le *r* de « rat », le *a* de « âne », le *p* de « papa » et le *o* du mot « beau ». Dans ce mot, nous comptons quatre sons et sept lettres.

Autres exercices

Il s'agit d'isoler et d'identifier un phonème dans un mot ; de fusionner ou de substituer des phonèmes.

Exercices divers

- Trouver un mot qui rime avec le mot « pois » (« toi », « moi », « bois »...).
- Choisir parmi ces trois mots celui qui rime avec « mouton » : « sac », « tortue », « melon ».
- Choisir dans ces trois mots celui qui commence comme « lapin » : « voiture », « table », « lampe ».
- Choisir parmi ces trois mots celui qui se termine comme « marmite » : « poire », « frite », « rose ».
- Supprimer le premier son du mot « bœuf » (réponse : « œuf »).
- Supprimer le premier son du mot « foire » et le remplacer par un autre.
- Trouver parmi les trois mots suivants le mot dont le son initial est différent : « ballon », « botte », « poche ».
- Trouver quatre mots qui commencent comme « cheval ».
- Trouver quatre mots qui commencent comme « crabe ».
- Choisir parmi ces quatre mots celui qui ne se termine pas comme les autres : « couverture », « voiture », « gomme », « confiture ».
- Comparer deux mots en prononçant le son qui manque dans le second : « pioche », « poche ».
- Supprimer le son initial et le remplacer par un autre : « louche », « bouche », « douche », « mouche ».

Jeu de pigeon vole

L'enfant lève le doigt quand vous prononcez un mot avec le phonème choisi.

Domino des sons

On place côte à côte des images ayant un son commun.

Jouer avec des charades

Mon premier est le premier son du mot « **ch**aise ».

Mon deuxième est le dernier son du mot « lam**a ».**

Mon troisième est le premier son du mot « **p**apa ».

Mon quatrième est le dernier son du mot « b**eau ».**

En été je porte mon tout sur la tête pour me protéger du soleil.

Vous pourrez inventer une série de charades et ensuite lui demander d'en inventer une.

Créer un jeu de loto avec des phonèmes proches

Choisissez des phonèmes tels que [p]/[b] ; [ch]/[s] ; [k]/[g] ; [f]/[v] ; [an]/[on].

Sur un grand quadrillage, écrivez chacun de ces phonèmes. L'enfant devra montrer (ou cocher) le premier son du mot cité par l'adulte.

Si vous dites le mot « beau » en insistant sur la prononciation du son [b], l'enfant montre (ou coche) la case du graphème *b*.

Cherchez une première réponse ensemble pour qu'il comprenne la consigne, puis continuez avec les mots : « colle », « peau », « chat », « képi », « sol », « oncle », « four », « vite », « tante ».

ch	p	k	v	on
s	an	f	b	c

Mots à compléter

hi_ou

_oisson

_ion

Tableau des phonèmes

Les phonèmes sont représentés par des signes qui diffèrent quelquefois de la forme des lettres qui leur correspond.

VOYELLES

[i] ami, souris, lit, nid, riz
[e] clé, donner, nez
[ɛ] mère, jamais, fer, trait
[a] maman, rat, vas, la
[ɑ] pâte, bas, pas
[ɔ] fort, donner, copie
[o] dodo, mot, peau, dos, faux, côte
[u] mou, roue, genoux, clous, bout
[y] têtu, rue, but, culotte, abus
[ø] peu, deux, feu, jeu, peut, pneus
[œ] peur, heure, fleur, meuble
[ə] le, se, me, premier, semer
[ɛ̃] fin, pain, plein, faim
[ɑ̃] dent, maman, dans, temps, enfant, banc
[ɔ̃] mon, font, fond, dont, ombre
[œ̃] brun, lundi

SEMI-CONSONNES

[j] pied, yeux, taille
[w] oui, louer, clouer
[ɥ] lui, huile, puits, lueur

CONSONNES

[p] parent, petit
[t] tortue, tarte
[k] carte, que, kilo, donc
[b] bon, cabane
[d] divin, ardent
[g] garage, guéri, golf, guttural
[f] femme, faire, pharmacie, neuf
[s] sable, celle, impasse, poisson
[ʃ] château, chalet, cruche
[v] voler, cave, active
[z] zéro, poison, rose
[ʒ] je, jaune, genou, gifle
[l] lac, bal
[r] racine, air, finir
[m] matin, commande
[n] nager, année, ancienne
[ɲ] compagnon, campagne
[h] hé ! hop ! (exclamation)
['] hockey, homard, hache
[ŋ] dumping, holding, marketing

CHAPITRE 8

COMMENT DÉCODER ET COMPRENDRE

Au programme

- **Des méthodes pour faciliter l'apprentissage**
- **Apprendre à comprendre**
- **Apprendre à lire des consignes**
- **Comment réussir à l'école**

Depuis le 11 juillet 2006, « *le socle commun des connaissances et des compétences* » présente ce que tout élève doit savoir maîtriser à la fin de l'école élémentaire, dont la langue française. Voici l'extrait qui concerne la lecture :

« *Au terme de la scolarité obligatoire, tout élève devra être capable de :*

- *lire à haute voix, de façon expressive, un texte en prose ou en vers ;*
- *analyser les éléments grammaticaux d'une phrase afin d'en éclairer le sens ;*
- *dégager l'idée essentielle d'un texte lu ou entendu ;*
- *manifester sa compréhension de textes variés, qu'ils soient documentaires ou littéraires ;*
- *comprendre un énoncé, une consigne ;*
- *lire des œuvres littéraires intégrales, notamment classiques, et rendre compte de sa lecture.* »

Des méthodes pour faciliter l'apprentissage

L'acte de lire repose sur deux compétences : décoder et comprendre. Pour un enfant ayant des troubles spécifiques d'apprentissage de la langue écrite, la difficulté majeure est la conversion des signes de l'écriture en sons du langage. C'est pour cette raison qu'il est préférable d'utiliser une méthode faisant appel aux mémoires visuelle et auditive. Il existe des méthodes phonétique et gestuelle (les gestes étant associés aux sons) comme la méthode de Suzanne Borel-Maisonny[41] ou la pédagogie « Jean Qui Rit » de Brigitte Lemaire[42].

- La méthode phonético-gestuelle de Suzanne Borel-Maisonny comprend un ensemble de gestes ayant pour but de faciliter l'entrée dans le langage, car elle fut d'abord utilisée pour des enfants sourds. Les gestes permettent de mémoriser le phonème qui n'est plus un élément sonore isolé. Il y a aussi une image visuelle qui facilitera la relation phonème-graphème. Dès que l'enfant a acquis les automatismes lui permettant de déchiffrer, les gestes disparaissent.
- La pédagogie « Jean Qui Rit » conçue par Brigitte Lemaire, s'appuie elle aussi sur les différents canaux sensoriels. C'est un formidable outil pour les élèves en début de CP et principalement pour les plus fragiles.

Apprendre à comprendre

Comment faciliter le développement de la compréhension ?

Prenez l'habitude de lire de belles histoires à vos enfants et dès que le langage est en place, posez-lui quelques questions sur le texte lu. Vers 3, 4 ans, lors de la lecture d'albums, montrez-lui par votre comportement qu'il est possible de rencontrer un obstacle dans la compréhension du texte : « *Je n'ai pas bien compris pourquoi le loup n'a pas pu détruire la maison du dernier petit cochon alors qu'il a pu détruire la maison en bois du deuxième et la maison en paille du premier petit cochon ! Tu as compris toi ?* » ou encore « *Que penses-tu de cette histoire ? À ton avis, est-ce une histoire qui finit bien ? Elle finit bien pour qui ?* »

Vers 6, 7 ans, apprenez-lui à se poser des questions en cours de lecture pour comprendre le texte. Pour cela, vous pourrez lui montrer comment faire. « *Je vais lire ta page (lecture, leçon d'histoire, poésie), tu vas bien écouter (si votre enfant est plutôt auditif) ou tu vas essayer de voir des images dans ta tête comme au cinéma (s'il est plutôt visuel) car ensuite je te poserai des questions pour savoir si tu as compris, ce qui se passe dans le récit. S'il y a des mots que tu ne comprends pas, essaie de les retenir, garde-les dans un coin de ta tête ou écris-les sur une feuille, nous chercherons à les comprendre ensemble.* » L'objectif est que l'enfant apprenne comment comprendre le texte. Il suffit de pointer ce qu'il ne comprend pas ! Si vous lisez le mot « caverne » dans un texte, celui-ci risque de poser un problème de compréhension pour la suite de l'histoire, il faut s'arrêter et dire : « *Tu connais ce mot toi ? Moi je ne m'en souviens pas, qu'est-ce qu'une caverne ? Ça pourrait nous faire penser à quoi ? C'est comment une caverne ?* » ou alors : « *Nous allons chercher le mot caverne dans le dictionnaire.* »

Face à un mot qu'il ne comprend pas, l'enfant oscille le plus souvent entre la démarche d'évitement : il passe outre ou il se bloque. Conseillez-lui de regarder, autour du mot, les mots écrits juste avant ou juste après, de se servir des illustrations du texte pour s'aider. Cette démarche est à encourager avec les plus jeunes. Quelquefois l'enfant dyslexique peut buter sur le décodage d'un mot, en regardant l'illustration du texte il pourra le remplacer par un mot qu'il connaît.

Mon expérience

Je me souviens d'un petit élève qui bloqué par le mot « fauve » (la graphie « au » du son [o] n'était pas intégrée) l'avait remplacé par « tigre ». « Tu vois écrit tigre toi ? Montre-moi le mot ! Mais… par quelle lettre commence le mot tigre ? Tu connais d'autres mots commençant par la lettre t ? Le mot écrit commence par quelle lettre ?… » Par association d'indices, les enfants peuvent souvent arriver à décoder correctement et à se corriger.

Dès la fin du CE1 et au CE2, il faut aussi systématiser la clarification du sens en travaillant les inférences et l'implicite. Faire des inférences, c'est trouver une information qui n'est pas écrite dans le texte. Exemple : le monstre rouge, avec ses 18 roues et sa longue échelle, s'engagea lentement sur l'autoroute, le gyrophare allumé. De quoi s'agit-il ? Non ! Il ne s'agit pas du Père Noël ! C'est la voiture des pompiers.

Apprendre à lire des consignes

Comment faire pour les comprendre ?

Lire et comprendre les consignes dans une activité scolaire n'est pas une fin en soi mais cette compétence constitue une des conditions de la réussite scolaire. Il arrive que les consignes ne soient pas suivies car mal comprises. Elles sont différentes selon les matières : mathématiques, littérature ou sciences. Il en est de même pour les énoncés d'examen ou les sujets de concours.

À retenir

Sur certains sujets du bac, dans différentes disciplines, jusqu'à 30 % de copies sont hors sujet à cause d'une mauvaise compréhension des consignes.

Par définition, une consigne est « *un ordre donné pour faire effectuer un travail* ». L'énoncé indique la tâche à accomplir ou le but à atteindre. La consigne peut contenir un verbe et des mots importants.

En maternelle, les consignes se présentent le plus souvent sous forme de pictogrammes :

Colorie

Entoure

Barre

En aidant votre enfant à comprendre comment réussir un exercice, vous procéderez à un accompagnement méthodologique par la compréhension de la consigne. Votre objectif va être de faire « du lien » entre ce qu'il devait faire en classe qu'il a (ou pas) réussi. Car, en classe, certains enfants en difficulté et plus particulièrement l'enfant à risque de dyslexie ou dyslexique manque d'attention, de concentration, ne se sent pas directement concerné. Il a souvent du mal à saisir la consigne d'un exercice. Pour lui, l'activité scolaire est « plaquée ». Il fait son « travail » parce que l'enseignant le demande sans trop comprendre « le comment » et « le pourquoi » de l'activité.

Mon expérience

Voici ce qui arriva à Matthieu, élève de CE2, que je suivais en RASED. C'était un petit bonhomme craintif en difficulté scolaire. Un matin il entre en larmes dans ma classe... La maîtresse s'était fâchée et lui avait demandé de venir me voir. Elle aurait dit devant ses camarades *« Tu ne comprends rien ! »* Il devait faire un exercice de grammaire dont la consigne était la suivante : *« Transforme les groupes nominaux des phrases suivantes en pronoms personnels sujets. »*

Je le réconforte, je discute avec lui puis je lui propose de l'aider à comprendre cette consigne quelque peu complexe. Je lui pose les questions suivantes : *« Sais-tu ce qu'est une phrase, peux-tu me rappeler comment tu la reconnais ? Sais-tu ce qu'est un groupe nominal, peux-tu me donner un exemple ? Sais-tu ce qu'est un pronom personnel ? Peux-tu en citer quelques-uns, ce sont des petits mots placés devant les verbes, il y en a huit ou neuf... je sais que tu les connais... »* À chaque réponse attendue, il disait non de la tête. Il était bloqué, désemparé. En décrivant cette scène, je pense au profond désarroi de tous les enfants en difficulté confrontés à des consignes complexes qui se demandent ce qu'ils doivent faire et ce que l'enseignant attend d'eux.

Quelques exemples de consignes à l'école élémentaire

- « Relis le début du texte à haute voix. Mais avant, prépare ta lecture. »
- « Invente un personnage en réutilisant ces éléments, puis écris son histoire. »
- « Cherche et recopie le nom des armes utilisées par les Lilliputiens. »
- « Recopie tous les verbes du texte et mets-les à l'infinitif. »
- « Observe et complète les suites de nombres. »
- « Calcule en ligne et écris le résultat comme dans l'exemple ci-dessus. »
- « Sur un plan de ta ville, note d'une croix l'emplacement du jardin que tu as visité.»

L'enfant dyslexique a du mal à comprendre les consignes, à imaginer la tâche à accomplir, le but à atteindre. Les verbes « mentalistes » (voir liste ci-dessous) employés pour écrire une consigne font appel aux facultés intellectuelles et ne sont pas assez précis. Il est nécessaire de mettre en place un travail de compréhension sur les consignes en remplaçant les verbes mentalistes par des verbes exprimant des compétences plus précises. Ce travail est proposé par les enseignants mais un travail de consolidation à la maison n'est pas superflu.

faire	justifier	comparer
analyser	commenter	compléter
dire	apprendre	inventer
comprendre	expliquer	savoir
interpréter	trouver	décrire
calculer	résoudre	déterminer
caractériser	imaginer	construire

La fonction d'une consigne est variable selon son énoncé :

- « Imagine la fin de l'histoire » est une consigne *but*. L'élève sait exactement ce qu'on attend de lui.
- « Relis le texte avant de répondre aux questions » est une consigne *guidage*. Elle attire l'attention de l'élève sur un point précis.
- « Réponds en faisant des phrases » est une consigne *critère*. Elle fixe le critère de réussite.
- « Sortez votre fichier de mathématiques » est une consigne *comportementale*. Elle vise à obtenir un comportement.

Avec votre enfant faites un travail oral sur des consignes à mettre en pratique :

- Faites-lui reformuler quelques consignes que vous relèverez dans son livre ou dans son fichier de français et de mathématiques.
- Créez des consignes en les formulant correctement, en les rendant de plus en plus complexes.

- Faites-lui repérer les mots inducteurs que sont les verbes d'action : « découpe », « relie », « calcule », « complète » et les petits mots : « sous », « sur », « en », « avec », « entre »…

Un verbe est quelquefois associé à une tâche. Expliquez-lui ce qu'il faut faire.

- Coche : met une x dans une case.
- Barre : tire un trait sur un mot.
- Souligne : met un trait sous un mot.
- Relie : trace un trait pour relier deux mots.
- Relève : parmi les mots écrits cherche et copie ce qui est demandé.

- Je colorie le nuage le plus haut en noir.
- J'entoure le mouton en rouge.
- Je dessine un oiseau entre deux nuages.
- Je colorie les arbres en vert. Je dessine un champignon devant le mouton.
- Je dessine un enfant à côté de la voiture.
- Je colorie les roues avant en jaune et la roue arrière en rouge.

À retenir

Selon la classification de Bloom, les consignes font appel à six niveaux d'objectifs cognitifs :

- **La connaissance : décrire, identifier, souligner, mesurer, écrire…**
- **La compréhension : comprendre, illustrer, interpréter…**
- **L'application : appliquer, démontrer, utiliser, construire, expliquer…**
- **L'analyse : analyser, montrer, développer, expliquer, déduire…**
- **La synthèse : résumer, préciser, conclure, classer…**
- **L'évaluation : évaluer, choisir, sélectionner, comparer, chercher…**

Vous pourrez choisir une activité que l'enfant réalise habituellement et imaginer son déroulement. Dire oralement la consigne puis la rédiger. Voir quelles questions et remarques vous pouvez faire.

Exemple : Pour faire mon cartable, je dois :

- Consulter mon emploi du temps.
- Relever les matières de la journée à venir.
- Sélectionner les livres et les cahiers nécessaires.
- Mettre les livres et les cahiers nécessaires dans le cartable.
- Vérifier que j'ai fait le travail demandé.
- Vérifier qu'il ne manque rien (livres, cahiers, trousse).
- Fermer le cartable.

Vous pourrez aussi :

- proposer des exercices réalisés avec la consigne sans le verbe, votre enfant devra trouver le verbe manquant ;
- choisir entre plusieurs consignes celle qui convient à un exercice donné ;
- critiquer une consigne mal formulée ;
- retrouver des consignes parmi différentes phrases.

Lorsque l'enfant dyslexique produit des consignes, cela lui permet de prendre en compte la difficulté à faire passer un message pour faire faire quelque chose de précis à quelqu'un.

Comment réussir à l'école

Voici des aides pour réussir différentes tâches.

Apprendre à copier

La copie est un exercice difficile pour l'enfant dyslexique qui est totalement désorienté. En classe pour copier un texte écrit au tableau, il passe de repères verticaux (texte au tableau) à des repères horizontaux (sa page), en passant d'un plan à l'autre il perd ses repères. De plus, il doit décoder l'écriture cursive de l'enseignant ce qui n'est pas toujours facile. Observez-le au cours de cet exercice vous verrez qu'il confond, oublie des lettres, des mots. Il ne trouve plus l'endroit où il en était, il revient en arrière, copie deux fois le même mot… Comment lui apprendre à copier ?

Voici quelques outils qui l'aideront lorsqu'il aura à effectuer une copie, vous lui donnez ainsi les moyens de réussir. Si possible travaillez sur les deux plans : vertical (un tableau dans sa chambre) et horizontal (la feuille sur laquelle il écrit).

Lisez-lui le texte à copier, fractionnez-le par ligne. Surlignez, ligne après ligne en changeant de couleur. Vous pourrez aussi lui faire tracer autant de traits horizontaux que de mots qu'il doit écrire par ligne pour se repérer sur sa page. Ce qui donnera :

Un violent orage éclata.

Apprendre à rédiger un texte

Savoir écrire ne va pas de soi. Il y a des règles à respecter : l'organisation du texte, les règles d'orthographe, la construction des phrases… Dès le plus jeune âge, il est donc important de stimuler l'envie d'écrire et de développer des compétences de rédacteur, c'est en écrivant que l'enfant apprend à écrire.

Voici l'extrait du socle commun des connaissances et des compétences relatif à l'écriture.

« *La capacité à écrire suppose de savoir :*

- *copier un texte sans faute, écrire lisiblement et correctement un texte spontanément ou sous la dictée ;*
- *répondre à une question par une phrase complète ;*
- *rédiger un texte bref, cohérent, construit en paragraphes, correctement ponctué, en respectant des consignes imposées : récit, description, explication, texte argumentatif, compte rendu, écrits courants (lettres) ;*
- *adapter le propos au destinataire et à l'effet recherché ;*
- *résumer un texte ;*
- *utiliser les principales règles d'orthographe lexicale et grammaticale.* »

Voyons maintenant comment vous pourrez apprendre à votre enfant à rédiger un texte. Vous commencerez évidemment par rédiger un texte court, deux ou trois phrases (à partir du CE1). Comme nous l'avons dit précédemment, il est essentiel dans un premier temps de lui « *montrer à faire* ».

Pour écrire un texte, mettez-vous en situation de projet : un projet d'écriture. Choisissez un sujet d'écriture et dites : « *Dans ma tête je pense à ce que je vais écrire, je suis en train de chercher des idées, d'imaginer une histoire.* »

Fermez les yeux pour fabriquer des images mentales… « *Tiens ! tu te souviens mercredi dernier, nous voulions stationner au parking du supermarché. Nous n'avons pas pu car il y avait tellement de monde qu'il était complet. Depuis nous y sommes retournés et nous avons pu observer à chacun des deux étages des rangées de voitures garées, des emplacements tracés en blanc sur le sol. Il y en a beaucoup. T'en souviens-tu ? En fermant les yeux je revois des images dans ma tête, fais comme moi essaie de revoir l'intérieur du parking pour pouvoir le dessiner. Maintenant, je vais inventer une histoire qui se passe dans un parking et après je l'écrirai. Tu vas bien écouter et ensuite tu pourras m'aider à construire le texte.* »

Ou bien, racontez : « *"Lorsque nous allons au supermarché, je gare notre voiture dans le parking qui a deux étages. J'ai compté 6 rangées de voitures au premier étage. Dans chaque rangée, les voitures se garent une à côté de l'autre et lorsqu'une rangée est complète c'est qu'il y a 10 voitures garées. Lorsqu'il n'y a plus de place au premier étage, je vais au second étage et là, c'est exactement la même chose. Il y a 6 rangées, les voitures se garent l'une à côté de l'autre, à chaque rangée 10 voitures peuvent se garer. Je pense que lorsque le parking est complet il doit y avoir beaucoup de voitures garées ! Aujourd'hui, j'ai bien envie de savoir combien il y a de voitures dans le parking lorsqu'il affiche complet. Tiens, je vais écrire mon histoire sous la forme d'un énoncé de problème, il va ressembler à ceux que tu peux lire dans ton fichier de mathématiques, je suis sûre que tu trouveras la réponse avant moi car tu en as déjà fait un la semaine dernière qui lui ressemble.* »

Ne précisez pas qu'il n'a pas su le faire, pour ne pas perturber son désir inconscient d'acquérir des connaissances.

Dans un deuxième temps rédigez devant lui un énoncé de problème en bonne et due forme en commençant par la question : « *Combien y a-t-il de voitures dans le parking lorsqu'il affiche complet ?* » Faites-le participer à la construction des phrases.

Pour finir, charge à lui de trouver la bonne réponse ! Il pourra bien sûr s'aider en faisant un dessin ou un schéma.

Mon expérience

Dans cette situation, vous l'avez compris, j'avais deux objectifs : développer des compétences d'écriture et améliorer des résultats en mathématiques. Pourquoi ? Tout simplement parce que j'ai souvent aidé des élèves rencontrant des obstacles en lisant un énoncé de problème. Ils n'arrivaient pas à se représenter la situation. L'échec d'un enfant dans la résolution de problème n'est pas toujours imputable à des difficultés d'ordre mathématiques. Résoudre un problème mobilise un amalgame complexe de connaissances et de savoirs, de ressources et de moyens implicites complexes.

Pour en terminer avec l'écriture de tous types de texte, prenez le temps de le construire oralement car l'écrit demande une mise en forme de la parole. À l'école, au collège et au lycée, l'élève doit avoir l'habitude de prendre du temps pour ce travail de recherche et de construction mentale pour que son texte soit clair, compréhensible, qu'il respecte une certaine forme (récit, recette, règle de jeu, énoncé de problème, charade…) et une chronologie. Il faut qu'il soit d'abord bien conçu dans sa tête, c'est la première étape. Il pourra s'aider d'une carte mentale (ou carte heuristique), dont nous parlerons plus loin dans la partie suivante réservée à la mémoire.

Le souci de l'enfant dyslexique étant l'orthographe et l'écriture, il zappe complètement la construction du texte, il se concentre sur l'écriture des mots. J'ai pu remarquer qu'il cherche souvent à utiliser les mots qu'il connaît, qu'il sait orthographier même s'ils ne correspondent pas exactement à ce qu'il souhaite écrire. Rédiger est un exercice très difficile pour lui. Il dit souvent : « *Je n'ai pas d'idée, je ne sais pas "quoi" écrire, je ne sais pas faire.* » Pour stimuler son imagination, vous pourrez utiliser une image, une photo ou des images séquentielles.

Vous pouvez lui proposer de raconter votre promenade du dimanche au bord de la mer ou les aventures du dernier film que vous avez vu ensemble.

J'insiste fortement sur le fait que pour apprendre à écrire un texte, il doit d'abord être construit mentalement ou oralement. Vous devez le faire ensemble. Ainsi observerez-le lorsqu'il rédige un texte. Vous pourrez identifier les obstacles cognitifs qu'il rencontre et mettre le doigt sur les savoirs qui lui font défaut et sur lesquels il doit progresser.

Vous pourrez d'abord procéder à une dictée à l'adulte (cf. p. 55) pour le soulager de l'écriture. Vous lui servez ainsi de secrétaire de façon à ce qu'il se concentre sur la construction globale du texte, le sens, le choix des mots, la construction des phrases afin d'éviter les « *après* » « *et après* » « *alors* » « *puis* » « *et puis* » successifs dont il est friand. Ensuite, il lira son texte à haute voix, vous le complimenterez et lui demanderez ce qu'il en pense, s'il est clair, bien construit et s'il correspond à ce qu'il voulait raconter. Vous pourrez ajouter : « *Je vais te dire ce que je crois que tu t'es dit dans ta tête, les images qui t'ont aidé et tu me diras si je me trompe* ». Cette démarche ayant pour objectif de lui faire verbaliser les étapes de la construction mentale de son texte (son et image).

Ensemble vous pourrez y apporter quelques corrections, quelques « *embellissements* ».

Prenez du temps dès le CE1 et faites-le écrire souvent car pour écrire l'enfant doit jongler avec les contraintes du fond et de la forme. Vous pourrez accompagner de la même façon un collégien en l'aidant à rédiger un résumé d'histoire ou le compte rendu d'une visite dans un musée…

Il faut accompagner l'élève en travaillant trois grands moments de la production de texte : la *planification* (rechercher et ordonner les idées), la *mise en texte* puis la *révision* (relecture et correction). Ce travail d'écriture est fondamental pour la suite des études et dans toutes les matières. Je crains que l'école n'y consacre pas suffisamment de temps.

CHAPITRE 9

LE TRAVAIL À LA MAISON

Au programme

- **Des conseils pratiques**
- **Comment travailler la mémorisation**
- **L'apprentissage des leçons**

« *Est-ce que tu as des devoirs à faire ?* », « *As-tu appris ta leçon ?* » « *As-tu fait ton travail ?* »… Dès le retour de l'école, le travail à la maison est un *pensum* pour l'enfant et pour les parents soucieux de la réussite scolaire de leur enfant.

- Pour les élèves du collège et du lycée, le travail personnel se prolonge à la maison. Il est nécessaire car il leur permet d'apprendre à travailler par eux-mêmes, ce qui va de soi.
- Pour les enfants de l'école élémentaire, le travail écrit a été abrogé par les textes officiels de l'Éducation nationale depuis quelques décennies. Seule la lecture, l'apprentissage de leçons ou de poésies peuvent être exigés mais il semblerait qu'à la demande générale, les enseignants continuent à donner des exercices écrits à la maison particulièrement en fin de cycle 3 (CM1/CM2) pour les préparer au collège.

Des conseils pratiques

Lorsque l'enfant a compris ce qu'il a appris en classe, le « *devoir* » est facile à réaliser. Si ce n'est pas le cas, il est bon de revoir la notion et reprendre les processus d'application avec lui.

Le temps de travail après l'école dépend de l'âge de l'enfant et de ses compétences mais en règle générale au cycle 2 (CP/CE1) une demi-heure de travail à la maison devrait suffire après une pause goûter. Il ne faut ni surcharger, ni décourager. Après une journée de classe, l'enfant est fatigué et a besoin de détente, de repos et d'activités variées.

Le travail à la maison se résume le plus souvent à un entraînement de lecture orale principalement au cycle 2. Vous pouvez en profiter pour travailler avec votre enfant la compréhension (lui demander de vous poser trois questions sur le texte)… Puis consolidez quelques notions de grammaire (nous allons chercher deux noms communs dans le texte, un masculin et l'autre féminin), de vocabulaire (le petit « *lutin* » est joyeux nous dit-on, qu'est-ce qu'un lutin ? Par quel mot peut-on remplacer « *joyeux* », quel est le contraire de joyeux ?) ou de conjugaison (nous allons relever deux verbes dans le texte et chercherons les sujets de ces deux verbes)… Ces brèves activités doivent se rapporter aux apprentissages en cours et ont pour objectif de raviver, de consolider des acquisitions. Vous ferez ces exercices oralement, de façon ludique et variée selon les exemples donnés dans cet ouvrage.

Comment travailler la mémorisation

Essayons de comprendre pourquoi les élèves dyslexiques sont en difficulté quand ils doivent apprendre une leçon. C'est principalement le cas des dyslexies phonologiques ou mixtes. Le travail de la mémoire est essentiel dans tous les apprentissages et il est impossible d'apprendre sans y avoir recours. La mémoire nous permet d'acquérir, d'organiser, de mobiliser des connaissances et des savoir-faire. Chez l'enfant dyslexique, c'est la mémoire à court terme qui est défaillante et plus précisément la mémoire à court terme verbale.

Il faut faire prendre conscience à l'enfant de ce qui se passe « *dans sa tête* » lorsqu'il mémorise. Il doit entraîner sa mémoire de façon consciente à la façon d'un sportif : il faut un entraînement régulier.

En pratique

Pour apprendre une leçon ou une poésie, débutez par une mise en projet (pourquoi, comment, en quelle circonstance serai-je appeler à utiliser ce savoir ?) et une évocation immédiate en créant une image mentale que vous pourrez rappeler plus tard en trouvant l'encrage (visuel, auditif, tactile...).

Pour bien mémoriser, chaque individu a sa propre stratégie mentale : visuelle, verbale, auditive, kinesthésique. Pour mémoriser, il faut se construire des représentations mentales.

La mémoire visuelle ou la mémoire auditive

- Si votre enfant est visuel, en fermant les yeux il aura une évocation mentale en images : il reverra le texte écrit au tableau, le titre de la leçon, les mots importants soulignés, le nombre de lignes… Pour l'aider à mémoriser, faites ensemble : un plan, un schéma, un dessin, un tableau, utiliser des couleurs.
- S'il est plutôt auditif ou verbal, il réentendra les explications de l'enseignant, des anecdotes autour de la poésie et de son auteur… Il apprendra en répétant plusieurs fois une phrase, puis deux ensemble. Pour l'aider à mémoriser, il faut qu'il parle, qu'il reformule avec des mots à lui avant de mémoriser le texte exact, qu'il répète.

- Un enfant qui est aussi kinesthésique aura besoin pour mémoriser de bouger, de se déplacer, de marcher, de dessiner ou encore d'écrire.

Antoine de la Garanderie conseille de mémoriser en se projetant dans le futur. Pendant qu'il mémorise une poésie, l'enfant s'imagine dans la classe en train de réciter la poésie, de même que redire sa poésie au moment du coucher aide aussi à la mémorisation.

Lorsque la même information est donnée à la fois sous forme verbale et sous forme visuelle, elle est mieux mémorisée. Ceux qui produisent facilement des images à partir d'un texte ont un avantage de mémorisation par rapport à ceux qui ne fabriquent pas d'images. Incitez l'enfant dyslexique à se représenter mentalement en images les informations qu'il doit mémoriser – quand cela est justifié – mais aussi incitez-le à mettre en mots une information perçue visuellement, c'est donner une chance supplémentaire à la mémorisation. Cette traduction d'un code à l'autre (verbal/visuel) est pour l'élève un facteur efficace de mémorisation qui mobilise attention, observation, représentation mentale, reformulation.

La carte mentale

Tony Buzan, dans les années 1970, a mis au point un processus basé sur les avancées dans le domaine des neurosciences. Ce processus appelé « *carte mentale* » ou « *carte heuristique* » (du grec ancien *eurisko* « *je trouve* ») ou « *mind mapping* » assure un fonctionnement harmonieux et optimal des deux hémisphères du cerveau selon le schéma suivant.

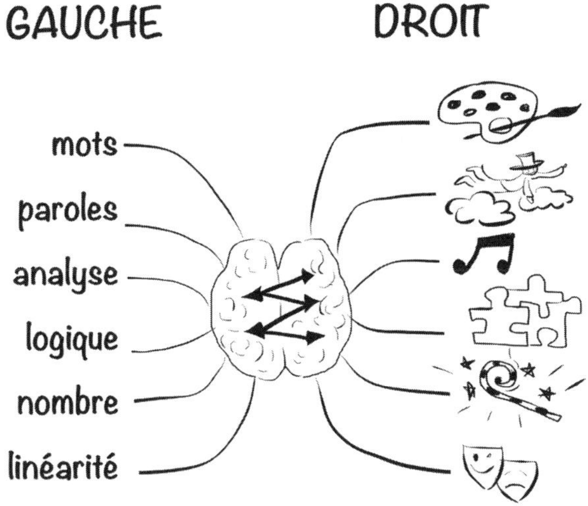

L'hémisphère droit associé à l'imagination va mobiliser les couleurs et les images ; l'hémisphère gauche associé à la logique recherche et mémorise les mots clés. Sa création en arborescence imite le cheminement et le développement de la pensée. C'est cette représentation arborescente des données qui a l'avantage de stimuler la mémorisation chez l'élève et particulièrement chez les dyslexiques. La confection d'une carte mentale permet de se concentrer sur les mots les plus importants, les mots clés porteurs de sens dans le texte. Ils vont aider à la mémorisation de ce qui n'est pas écrit et, de plus, les élèves comprennent que ces quelques mots (ou images) vont les aider à retrouver le sens du texte voire le texte lui-même. La carte permet une représentation en arbre à partir d'une idée centrale, une lecture du centre vers l'extérieur, une mémorisation plus facile.

La carte mentale est un excellent outil pour « *apprendre à apprendre* ». Elle peut être réalisée à la main ou avec un logiciel.

Pour aller plus loin

> **Vous trouverez des exemples de cartes mentales et conceptuelles sur le site : Enseigner avec les cartes mentales. http://idees-ash.blogspot.com**

Elle peut être utile à l'élève, du primaire à l'université, pour :

- organiser ses idées en vue de rédiger un travail ;
- résumer un texte, un livre ;
- réviser, revoir une leçon ;
- prendre des notes ;
- mémoriser et restituer des éléments, des faits, des textes ;
- comprendre ou faire comprendre une situation ;
- réfléchir, chercher des idées, les organiser et s'approprier des informations.

Le schéma ci-dessous, réalisé par une école primaire, aide à mémoriser des leçons

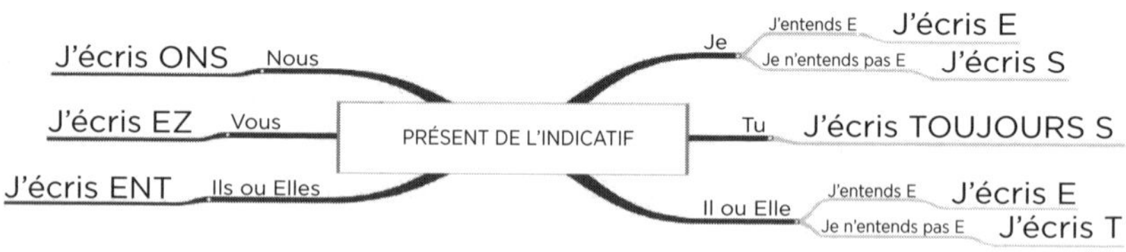

L'incontournable travail de mémorisation des tables de multiplication

Pour aider mes jeunes élèves à mémoriser les tables de multiplication, j'ai utilisé les conseils de Roland Charnay[43] décris ci-dessous.

Car nous mémorisons bien ce que nous avons compris.

Pour cela, l'enfant doit comprendre d'abord le sens des mots « *multiplier* » et « *fois* », il doit aussi comprendre ce qui se passe quand nous multiplions un nombre par un autre nombre.

Avoir compris, c'est être capable de rechercher ou de construire une information que nous avons oubliée.

Au début de l'apprentissage de la table de 2 certains enfants ont besoin de se représenter mentalement une addition répétée de 2 pour trouver un résultat :

2 + 2 + 2 + 2 + 2 + 2 + 2 = 14 donc 2 x 7 = 14

Il est plus facile de mémoriser un ensemble structuré que des éléments isolés.

Dans un ensemble structuré, il est possible de faire des liens entre les résultats d'une même table :

4 x 6 c'est le résultat de 4 x 5 + 4, donc si le résultat 4 x5 = 20 est déjà mémorisé, 4 x 6 = 24 est facile à retrouver.

Avoir compris, c'est faire des liens entre les résultats d'une même table, c'est profiter d'un résultat pour obtenir un autre résultat.

Avoir compris, c'est aussi faire jouer la *commutativité.*

Si je connais le résultat 3 x 9 = 27, je peux en déduire que 9 x 3 = 27.

La mémorisation nécessite l'entraînement mais pas le rabâchage.

Le rabâchage d'une table de multiplication comme une comptine n'est pas conseillé, il prive la recherche d'un résultat immédiat ; l'enfant doit réciter toute la table dans sa tête pour trouver une réponse.

Dans quel ordre faut-il apprendre les tables de multiplication ?

Au cycle 2, les enfants apprennent d'abord la table de 2 puis celle de 5.

La table de 5

- La multiplication de 5 par un chiffre pair donne un nombre qui se termine par 0.
- La multiplication de 5 par un chiffre impair donne un nombre qui se termine par 5.

Ensuite ils apprendront les tables de 4 et 8 ; 4 étant le double de 2 et 8 le double de 4.

La table de 9

Elle est très ludique sur le plan de l'apprentissage.

Numérotez les doigts. Mettez les mains dos à plat sur la table et numérotez de droite à gauche.

Pour multiplier par 9 : baissez le doigt correspondant au chiffre à multiplier par 9. Comptez les dizaines à gauche et les unités à droite.

Exemple : 8x9. Je baisse le doigt 8 et compte 7 dizaines et 2 unités, ce qui me donne 72.

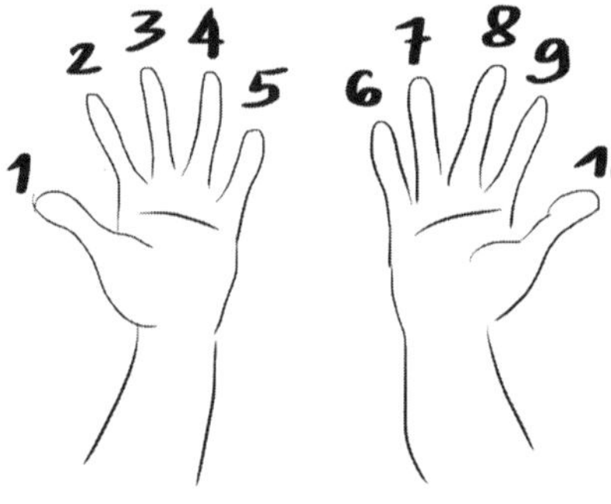

Les tables de 3 et de 6 suivront, la table de 6 étant le double de la table de 3.

Et la table de 7 ? Il ne manquera plus que 7 x 7 à mémoriser, les autres chiffres ayant été vus dans les autres tables.

L'apprentissage des leçons

Le calme de la maison y sera propice en respectant le procédé de mémorisation de l'enfant.

Apprendre une leçon est un exercice périlleux pour l'enfant dyslexique. Il a besoin d'élaborer sa propre méthode d'apprentissage. Pour mémoriser une leçon, l'enfant dyslexique a besoin de la voir dans son ensemble, de façon simplifiée, synthétique et illustrée. Il a besoin d'apprendre de façon active et concrète. Il peut faire un plan à partir de sa leçon ou de son cours. Souligner, surligner, encadrer, annoter le texte. L'utilisation d'une carte heuristique qu'il créera lui-même est un excellent moyen de mémorisation.

J'ai souhaité clore ce dernier chapitre par le témoignage d'une dyslexique publié par APEDYS. Je tiens aussi à adresser des remerciements aux associations de parents d'enfants ayant des troubles « dys » qui se mobilisent partout en France. Ces associations viennent précieusement en aide aux parents, aux enfants et aux enseignants qui le souhaitent tout en menant des actions auprès des pouvoirs publics.

« Moi je suis dyslectique (sic) et je m'en sors bien maintenant, j'ai été diagnostiqué assez rapidement car lorsque j'ai commencé à écrire, j'écrivais de droite à gauche et toutes les lettres à l'envers en plus de mélanger les lettres de mon mot, avec de l'aide et de la concentration, et de la persévérence, je me débrouille maintenant très bien, je suis peut-être seulement un peu plus lente que les autres car, je prends le temps d'analyser si mes mots sont bien écris et je lis beaucoup, avec le temps, on a plus de facilité, alors lâcher pas, il y a de l'espoir. »

CONCLUSION

Au terme de cette réflexion sur la dyslexie, nous retiendrons qu'elle est due à une particularité génétique du cerveau, qu'elle se manifeste par un déficit d'analyse des sons du langage parlé provoquant des troubles du langage et des difficultés d'apprentissage de la lecture et de l'écriture. Précisons que chaque dyslexique présente un profil cognitif et des particularités cérébrales qui lui sont propres. Rappelons qu'un dépistage précoce, un enseignement explicite de la conscience phonémique (manipulations lettre/son et autres exercices proposés dans cet ouvrage), une rééducation cognitive intensive dispensée par un orthophoniste, ainsi que l'aide des nouvelles technologies permettent à l'enfant dyslexique d'apprendre à lire et à écrire. « *L'imagerie cérébrale montre que la rééducation intensive produit deux effets majeurs sur le cerveau : normalisation et compensation. Au sein des réseaux typiques de la lecture, l'activité se normalise*[44]. » N'oublions pas que, dans les cas de dyslexie « *sévère* », la reconnaissance du handicap apportera aides et aménagements nécessaires au cours de la scolarité et pour la passation des examens.

Au fil des pages, j'ai insisté sur l'aide à apporter à l'enfant dyslexique de la maternelle au CM2. Cela ne veut pas dire que l'accompagnement doit se limiter à ce niveau, mais nous savons tous que c'est à l'école élémentaire que l'enfant apprend à lire à écrire et à compter, qu'il apprend son métier d'élève, qu'il s'équipe d'outils cognitifs solides et efficaces et que son cerveau « *monte* » des circuits neuronaux capables d'apprendre et de mémoriser. À ce sujet, le Haut Conseil de l'éducation écrivait en 2007 : « *L'école primaire a un rôle irremplaçable à jouer afin que les élèves acquièrent la maîtrise du socle commun au terme de leur scolarité obligatoire au collège.* »

Je suis par ailleurs convaincue que pour un enfant dyslexique les années passées à l'école élémentaire sont les plus difficiles et les plus douloureuses. Il doit apprendre à lire, à écrire, il découvre la grammaire, l'orthographe, la conjugaison, le vocabulaire, les mathématiques… Le passage au collège est psychologiquement important car il nous ouvre d'autres portes, il prouve que nous avançons, que nos efforts sont payants, qu'il faut garder confiance en soi et dans l'avenir en acceptant un fonctionnement différent. Le rôle des parents, ou des adultes accompagnateurs, vous l'avez compris tout au long de cet ouvrage, est d'amener l'enfant dyslexique à « *sortir la tête haute de l'école primaire* » vers le brevet des collèges, le baccalauréat pour atteindre l'enseignement supérieur ou éventuellement des spécialisations qui lui correspondraient mieux. La résignation n'est certes pas de mise, nous connaissons tous des « dys » qui ont fait de longues études ou qui ont réussi dans des domaines plus spécifiques.

Aujourd'hui la majorité des travaux sur la dyslexie s'inscrit dans la mouvance des neurosciences cognitives. Les enseignants doivent prendre conscience que « *comprendre le fonctionnement du cerveau* » permet d'ouvrir de nouvelles voies, d'améliorer les stratégies pédagogiques afin d'aider les élèves à vaincre leurs difficultés. Ils pourront aussi constater que les aides spécifiques mises en place pour les élèves les plus faibles sont bénéfiques pour tous. Stanislas Dehaene[45] écrit à ce sujet : « *Au XXIe siècle, l'unification des recherches pédagogiques, psychologiques et neuroscientifiques nous aide à comprendre pourquoi le cerveau d'un enfant est plus ou moins réceptif à telle ou telle méthode.* » Les récentes avancées en neurosciences ont clairement montré que le cerveau dispose d'une grande capacité d'adaptation aux demandes de son environnement ; cette capacité correspond à sa formidable « *plasticité* ». Elle demeure la clé de voûte de tout apprentissage, elle est aussi un facteur essentiel de progrès. Une équipe de chercheurs a montré que l'apprentissage de la lecture et de l'écriture repose sur un « *recyclage* » de régions cérébrales préexistantes destinées à d'autres fonctions. C'est cette plasticité qui donne à l'être humain la capacité d'apprendre avec plus ou moins de facilité en dépit de troubles spécifiques d'apprentissage quelquefois sévères. Enfin, comme l'ont évoqué certains spécialistes en neurosciences et en sciences cognitives, souhaitons qu'à l'image du lien qui existe depuis de nombreuses années entre « *biologie* » et « *médecine* », se crée un champ transdisciplinaire « *neurosciences* » et « *science de l'apprentissage* » permettant une meilleure compréhension et particulièrement une meilleure prise en charge des enfants dyslexiques en milieu scolaire.

BIBLIOGRAPHIE ET RESSOURCES

BARTH B. M., *L'Apprentissage de l'abstraction*, Paris, Retz, 1987.

Bande dessinée. *Dyslexie où est la différence ?,* diffusée par Coridys, 2000.

BELIVEAU M.C., *Dyslexie et autres maux d'école*, Montréal, Éditions de l'hôpital Sainte-Justine, 2007.

BOUSSION J., SCHÖTTKE M., TAUVERON C., *Lecture, écriture et culture au CP*, Paris, Hachette, 1996.

BUZAN T., *Une tête bien faite*, Paris, Eyrolles, 2010.

BRETON S. et LÉGER F., *Mon cerveau ne m'écoute pas : Comment aider l'enfant dyspraxique*, Montréal, Éditions de l'hôpital Sainte-Justine, 2007.

CAUSSE-MERGI I., *À chaque enfant ses talents. Vaincre l'échec scolaire*, Paris, Le Pommier-Fayard, 2000.

CELLIER H. et LAVALLÉE C., *Difficultés de lecture. Enseigner ou Soigner ?,* Paris, PUF, 2004.

CHAUVEAU G., *Comprendre l'enfant apprenti lecteur*, Paris, Retz, 2001.

DEHAENE S., *Les neurones de la lecture*, Paris, Odile Jacob, 2007.

DEHAENE S., *Apprendre à lire, des sciences cognitives à la salle de classe*, Paris, Odile Jacob, 2011.

DEHAENE S., *La bosse des maths*, Paris, Odile Jacob, 1997.

FAYOL M., *L'enfant et le nombre. Du comptage à la résolution de problèmes*, Paris, Delachaux et Niestlé, 1997.

GUERITTE-HESS B. et BACQUET M., *Le Nombre et la numération*, Paris, Papyrus, 1982.

GOMBERT J.-E., COLE P., VALDOIS S., GOIGOUX R., MOUSLY P., FAYOL M., *Enseigner la lecture au cycle 2*, Paris, Nathan, 1982.

HABIB M., *Le cerveau singulier*, Marseille, Solal, 1977.

JANTZEN C., *La dyslexie handicap ou talent ?* Paris, Éditions Triades, 2004.

JUMEL B., *Aider l'enfant dyslexique*, Paris, InterEditions, 2011.

KRICK G., REICHSTADT J., TERRAIL J-P., *Apprendre à lire : La querelle des méthodes*, Paris, Gallimard, 2007.

LA GARANDERIE A., *Pédagogie des moyens d'apprendre*, Paris, Bayard éditions – Centurion, 1982.

LEUNEN P., *La dyslexie*, Paris, Marabout, 1982.

MARTINET A., *Éléments de linguistique générale*, Paris, librairie Armand Colin, 1967.

MAZEAU M. et LE LOSTEC C., *L'enfant dyspraxique et les apprentissages,* Issy-les-Moulineaux, Elsevier Masson, 2010.

MEIRIEU P., *Apprendre Oui, mais comment ?* Paris, ESF, 1993.

NUYTS E., *Dyslexie, dyscalculie, dysorthographie. Troubles de la mémoire prévention et remèdes*, Autoédition, 2011.

ONL. Observatoire National de la Lecture, *Le manuel de lecture au CP*, Paris, Savoir Livre, 2003.

OUZILOU C., *Dyslexie une vraie-fausse épidémie*, Paris, Presses de la Renaissance, 2001.

PERRAUDEAU M., *Les méthodes cognitives. Apprendre autrement à l'école*, Paris, Librairie Armand Colin, 1996.

PLACE M-H., *100 activités Montessori pour préparer mon enfant à lire et à écrire*, Paris, Nathan, 2010.

POTIER B., *Comment les enfants apprennent l'orthographe*, Paris, Retz, 1996.

REBOUL O., *Qu'est-ce qu'apprendre ?* Paris, PUF, 2010.

SAUVAGEOT B. et METELLUS J., *Vive la dyslexie !* Paris, NIL éditions, 2002.

SIAUD-FACCHIN J., *Aider l'enfant en difficulté scolaire*, Paris, Odile Jacob, 2008.

SIAUD-FACCHIN J., *L'enfant surdoué. L'aider à grandir, l'aider à réussir*, Paris, Odile Jacob, 2002.

SOUSA D., *Un cerveau pour apprendre à lire,* Montréal, Cheneliere éducation, 2009.

WETTSTEIN-BADOUR G., *Bien parler, bien lire, bien écrire*, Paris, Eyrolles, 2005.

ZEKRI-HURSTEL R., *L'alphabet des cinq sens*, Paris, Robert Laffont, 2006.

Dossier A.N.A.E. : N° 103 « Les troubles dyslexiques durant la vie ».

N° 107-108 « L'apprentissage de la lecture : État des connaissances, Outils et Technologie d'accompagnement. »

Film

Dyslexie international. Cinémathèque - Films et vidéos (témoignages) à propos de la dyslexie. Voir site : www.dyslexia-international.org/fr/.../Films-and.../Hom...

Sites

ADAPT : www.ladapt.net

AIS : www.ais.edres74.ac-grenoble.fr et www.ais.edres74.ac-grenoble.fr

APEDYS : www.apedys.org

APEDA : www.apeda-france.com

APED06 : www.aped06.fr

AUXILIDYS : www.auxilidys.fr

CENTRE de RÉFÉRENCE des troubles du langage : www.inpes.sante.fr/10000/themes/troubles du langage/

CORIDYS : www.coridys.assoc.fr

DROIT AU SAVOIR : www.droitausavoir.asso.fr/index.php?option=com_content...

DYSLEXIE INTERNATIONAL : dyslexie-international.029/Onlearning.htm

DYSMOI : www.dysmoi.fr/

DYSPRAXIQUE MAIS FANTASTIQUE : www.dyspraxie.info

DYSPHASIE : www.dysphasie.org

EDUSCOL : eduscol.education.fr/

ENTRAÎNEMENT PHONOLOGIQUE : www.cognisciences.com/IMG/

FFDYS : www.ffdys.com

FEED : secrétaire.feed@wanadoo.fr

GEPALM : www.gepalm.mg/

JEAN QUI RIT : pedagogiejeanquirit@gmail.com

MDPH (liste) : scolaritépartenariat.chez-alice.fr/page211

MOTAMOT : www.motamot.surinternet.net

RESODYS : www.resodys.org

SCOLARISATION DES ENFANTS HANDICAPÉS : www.education.gouv.fr

SYSTEMDYS : www.systemdys.com

GLOSSAIRE

Codage – Encodage : Combinaison de lettres qui autorise l'accès à certains éléments (mots).

Code alphabétique : Système de signes graphiques sur lequel repose le principe alphabétique.

Compétence : Savoir identifié mettant en jeu une ou des capacités dans un champ notionnel ou disciplinaire déterminé.

Conscience phonologique : Connaissance consciente et explicite que les mots du langage sont formés d'unités plus petites (syllabes, phonèmes).

Conscience phonémique : Capacité à analyser les phonèmes, à les manipuler, à les combiner.

Décodage : Déchiffrage (ou reconnaissance) consistant à analyser le mot en syllabes et en lettres.

Dictation : Un logiciel permet de rédiger sans avoir à taper sur le clavier il suffit de parler.

Graphème : Plus petite unité du système graphique destiné à transcrire les phonèmes.

Identification : Accès direct à la prononciation et à la signification des mots.

Lecture habile : Capacité à lire avec aisance, rapidement, sans erreurs et avec une intonation adaptée.

Lexical : Qui a trait au lexique.

Lexique : Ensemble des mots ou lexie d'une langue.

Logographie : Stratégie de lecture précoce. L'enfant reconnaît instantanément certains mots sur la base de traits saillants qui le composent.

Métacognition : Connaissance personnelle d'un individu sur ses capacités et ses fonctionnements cognitifs.

Métalangage ou métalangue : Langage utilisé pour décrire une langue naturelle.

Méthode syllabique : Méthode d'apprentissage de lecture qui se base sur les sons de la langue parlée par assemblage de syllabes. Elle repose sur les propriétés phonétiques de notre alphabet et a comme base les lettres et les sons.

Méthode phonético-gestuelle : Méthode d'apprentissage de lecture dans laquelle chaque lettre (ou groupe de lettres) est présentée à l'enfant, associée au son correspondant (non pas au nom de la lettre) dans la parole et à un geste symbolisant la ou les lettres étudiées.

Moyen mnémotechnique : Procédé qui facilite la mémorisation.

Neurosciences : Ensemble des disciplines qui étudient le système nerveux (structure et fonctionnement).

Neurosciences cognitives : Domaine de la recherche. Branche des sciences cognitives.

Normolecteur : Lecteur ayant automatisé l'écrit et les deux voies de lecture (adressage et assemblage).

Phonème : Plus petite unité de son capable de produire un changement de sens par commutation (lampe/rampe).

Phraséologie : Ensemble des expressions propres à un groupe, à une époque, à un milieu…

Principe alphabétique : Principe qui consiste, dans une langue à système d'écriture, à se servir de symboles graphiques pour représenter leurs éléments.

Processus d'apprentissage : Séquences d'opérations cognitives et affectives par lesquelles un élève rassemble les préalables et accomplit les étapes nécessaires à l'intégration et à la maîtrise d'une nouvelle compétence.

Remédiation : Suite à un échec, mise en place d'autres situations pour atteindre l'objectif fixé au départ.

Rime : Répétition de sonorités identiques en fin de vers.

Sciences cognitives : Ensemble de disciplines scientifiques dédiées à la description, l'explication de la pensée humaine, animale ou artificielle.

Syllabe : Son émis par une seule émission de voix et qui se compose d'une voyelle seule ou de voyelles et consonnes.

Verbe mentaliste : Verbe « imprécis » correspondant à des activités mentales non observables.

SIGLES

ADAPT : Association pour l'insertion sociale et professionnelle des personnes handicapées.

AEEH : Allocation d'éducation de l'enfant handicapé.

APEDYS : Association des parents d'enfants dyslexiques.

ASH : Adaptation scolaire et scolarisation des élèves handicapés.

CAMPS : Centre d'action médicosociale précoce.

CDA : Commission des Droits de l'autonomie.

CDAPH : Commission des droits et de l'autonomie des personnes handicapées.

CLIS : Classe d'intégration scolarisée.

CMP : Centre médico-psychologique.

CMPP : Centre médico-psycho-pédagogique.

ESS : Équipe de suivi de scolarisation.

FEED : Fédération des établissements scolarisant des enfants dyslexiques.

FEDYS : Fédération française des dyslexiques.

GEPALM : Groupe d'études sur la psychologie des activités logico-mathématiques.

MPDH : Maison des personnes handicapées.

PAI : Projet d'accueil individualisé.

PPO : Projet personnel d'orientation.

PPRE : Programme personnalisé de réussite éducative.

PPS : Programme personnalisé de scolarité.

RA : Regroupement d'adaptation.

RASED : Réseau d'aide spécialisée aux enfants en difficulté scolaire.

SEGPA : Section d'enseignement général et professionnel adapté.

SESSAD : Service d'éducation spécialisée et de soins à domicile.

TSLE : Troubles spécifiques de la langue écrite.

ULIS : Unité pédagogique pour l'inclusion scolaire.

UPI : Unité pédagogique spécialisée.

NOTES

1. ASH : Adaptation Scolaire et Scolarisation des élèves Handicapés.

2. Henri Brunel. Ancien proviseur de lycée, auteur de nombreux ouvrages dont *Les plus beaux contes zen et Contes du chat maître Zen* chez Calmann-Lévy.

3. Stanislas Dehaene est professeur au Collège de France, membre de l'Académie des sciences. Auteur de *Les neurones de la lecture. Apprendre à lire, des sciences cognitives à la salle de classe*, Odile Jacob.

4. Franck Ramus est chargé de recherche au CNRS, laboratoire de sciences cognitives et psycholinguiste. Extrait de : Entretien n° 30, mars 2008, *Troubles d'apprentissage de la lecture*. Voir site :centre-alain-savary.ens-lyon.fr/CAS/entretien//.../entretien_30_pro.

5. Jean-François Démonet. Directeur de l'Inserm. « Approche neuropsychologique des troubles des apprentissages ».

6. Ghislaine Wettstein-Badour, médecin. *Bien parler, bien lire, bien écrire*, Eyrolles.

7. Béatrice Sauvageot, orthophoniste, *Vive la dyslexie !*, Éditions NIL.

8. David A. Sousa. Consultant en éducation sur le plan international, *Un cerveau pour apprendre à lire. Mieux comprendre le fonctionnement du cerveau pour enseigner la lecture plus efficacement*, voir bibliographie.

9. Laurence Lentin. Directrice du centre de la recherche sur l'acquisition du langage oral et écrit. *Du parler au lire*, ESF Editeur.

10. Alain Bentolila. Professeur de linguistique. Docteur *honoris causa* de l'université catholique de Paris. *Le propre de l'homme : parler, lire, écrire*, Odile Jacob.

11. Stanislas Dehaene, *Les neurones de la lecture*, Odile Jacob.

12. Alain Bentolila, *Apprendre à lire*, Nathan.

13. Utha Frith, physiologiste, pionnière dans l'étude de la dyslexie et de l'autisme. Elle travaille à l'University College de Londres. *L'énigme de l'autisme*, Odile Jacob.

14. Jean-Paul Jaffré, Chercheur au CNRS, linguiste de l'écrit, membre de LEAPLE (Laboratoire d'Étude sur l'Acquisition et la Pathologie du Langage). Voir site : www.cndp.fr/bienlire/04-media/archi_interview.asp

15. Cette chaîne causale de déficit a été reprise dans *Lecture de mots et dyslexie : approche cognitive* sur le site éduscol : Portail national d'information et de ressource du ministère de l'Éducation nationale. Voir site : http://eduscol.education.fr/.../lecture-de-mots-et-dyslexie.versailles.fr

16. APEDYS. www.ac-grenoble.fr « Dyslexie ? ».

17. Jean-Émile Gombert. Spécialiste en psychologie cognitive des apprentissages. Extrait d'un document *Compétences et processus mobilisés par l'apprentissage de la lecture*. Voir site : ftp://www.artsplastiques.ac-versailles.fr/groupes/ien.../gombert.pdf

18. Liliane Sprenger-Charolles. Directeur de recherche au CNRS. Extrait de *Apprentissage de la lecture et dyslexie*. Voir site : www.cndp.fr/bienlire/04-media /a-dyslexie.asp

19. Jacques Fijalkow. Docteur d'État en psychologie. Professeur de psycholinguistique à l'université de Toulouse-le Mirail. Sur la lecture : *Perspectives Sociocognitives dans le champ de la lecture*, ESF.

20. CLIS dys, classe d'intégration scolaire pour dyslexiques.

21. Eugène Géruzez. (1799-1865), historien et critique littéraire, professeur à la faculté des lettres de Paris.

22 Extrait d'une note technique éditée conjointement par les associations : Les Lavandes et CORIDYS.

23. Portail national d'information et de ressource du ministère de l'Éducation nationale. Voir p. 188.

24. Michel Zorman. Médecin. Conseil du Recteur de l'académie de Grenoble. Auteur de « Programme PARLER » (programme de prévention précoce de l'échec scolaire).

25. Membre de PLATON (Pôle des Liaisons Pour Les Troubles d'Origine Neuropsychologique) confronté à la dyslexie dans son entourage familial.

26. Éduscol.

27. Anne Wilson est chercheur au sein de l'équipe Inserm à Paris sur la rééducation de la dyscalculie.

28. Docteur Alain Pouhet au CHU de Poitiers. Dyspraxie. Du diagnostic à l'emploi. Adapt. www.ladapt.net/e_upload/pdf/12-cdl-dyspraxie.pdf

29. *Ibidem.*

30. Interview (novembre 2009) d'Ariel Conte, vice-président de Droit au Savoir intitulé *Handicap cognitif. Points de repère et enjeux*. Voir site www.coridys.asso.fr/pages/actualites/Readadaptation1pdf

31. À partir des décrets du 6 septembre 1990 et du 24 août 2005.

32. Bulletin Officiel du 31 juillet 2006.

33. Socle commun : Par décret du 11 juillet 2006, l'Éducation nationale énonce les connaissances et les compétences communes que nul n'est censé ignorer en fin de scolarité obligatoire sous peine de se trouver marginalisé. Site internet : www.education.gouv.fr rubrique le socle commun.

34. Circulaire du 8 septembre 2003.

35. RASED : Réseau d'Aide Spécialisées aux Enfants en Difficulté Scolaire.

36. D'après le site du Ministère des Affaires sociales et de la Santé : www.social-santé.gouv.fr/.../la mdph

37. Philippe Meirieu. Professeur des universités en sciences de l'éducation : *Apprendre oui mais comment ?* Edition ESF.

38. Philippe Perrenoud. Sociologue, professeur à l'université de Genève.

39. Ronald Devis, *Le don de dyslexie*, Desclée de Brouwer.

40. Régine Zékri-Hurstel. Neurologue, *L'alphabet des cinq sens*, Robert Laffont.

41. Suzanne Borel-Maisonny. Créatrice d'une métode phonético-gestuelle. *Langage oral et écrit, La grammaire en images*, Neuchâtel, Delacheaux et Niestlé. www.coquelicot.asso.fr/borel/

42. Brigitte Lemaire. Fondatrice de la pédagogie « Jean Qui Rit » www.librairietequi.com/Recherche-pedagogique

43. Roland Charnay est professeur agrégé de mathématiques, chercheur associé à l'équipe « Maths » de l'INRP (Institut National de Recherche Pédagogique) auteur de « Cap Maths ».

44. Stanislas Dehaene. Professeur au Collège de France, membre de l'Académie des Sciences.

45. Ibidem.

Dans la même collection

Dépôt légal : février 2015 - IMPRIMÉ EN FRANCE - Imprimeur n° 13297
Achevé d'imprimer le 23 janvier 2015 sur les presses de l'imprimerie « La Source d'Or » - 63039 Clermont-Ferrand

PEFC/10-31-2008

Dans le cadre de sa politique de développement durable, La Source d'Or a été référencée IMPRIM'VERT® par son organisme consulaire de tutelle. Cet ouvrage est imprimé - pour l'intérieur - sur papier offset 90 g provenant de la gestion durable des forêts, des papeteries Arctic Paper dont les usines ont obtenu les certifications environnementales ISO 14001 et E.M.A.S.